中国纪念馆故事

丛书主编　沈　强　朱成山

# 中共一大会址纪念馆故事

主编　徐云根

南京出版传媒集团
南京出版社

**图书在版编目(CIP)数据**

中共一大会址纪念馆故事 / 徐云根主编. --南京：南京出版社，2014.6

（中国纪念馆故事）

ISBN 978-7-5533-0552-3

Ⅰ.①中… Ⅱ.①徐… Ⅲ.①中国共产党全国代表会议-故址-纪念馆-青少年读物 Ⅳ.①K878.2-49

中国版本图书馆CIP数据核字（2014）第112536号

**丛 书 名：** 中国纪念馆故事
**丛书主编：** 沈 强 朱成山
**书　　名：** 中共一大会址纪念馆故事
**本册主编：** 徐云根
**出版发行：** 南京出版传媒集团
南 京 出 版 社

社址：南京市太平门街53号　　邮编：210016
网址：http://www.njcbs.com　　电子信箱：njcbs1988@163.com
联系电话：025-83283893、83283864（营销）　025-83112257（编务）

**出 版 人：** 项晓宁
**出 品 人：** 卢海鸣
**责任编辑：** 沈丽国
**装帧设计：** 乔 伊
**策　　划：** 博士工作室
**责任印制：** 杨福彬

**排　　版：** 南京展望文化发展有限公司
**印　　刷：** 南京京新印刷有限公司
**开　　本：** 718毫米×1000毫米　1/16
**印　　张：** 13.25
**字　　数：** 172千字
**版　　次：** 2014年6月第1版
**印　　次：** 2024年12月第4次印刷
**书　　号：** ISBN 978-7-5533-0552-3
**定　　价：** 40.00元

用微信或京东APP扫码购书

用淘宝APP扫码购书

营销分类：教育·旅游

# 丛书总序

## 中国纪念馆应成为开展公共外交的平台

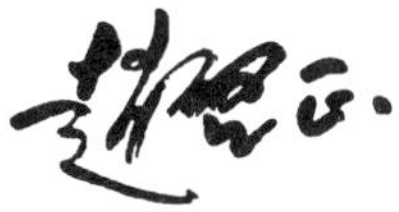

今年年初，成山同志邀请我为即将出版的《中国纪念馆故事》系列丛书作序，并告知中国目前已有1000多家各种类型的纪念馆。

纪念馆对国内观众是学习历史、缅怀先人、传承文化的重要场所，对外国观众则是中国开展公共外交不容忽视的平台。

公共外交和政府外交组成国家的整体外交。“简言之，中国公共外交的基本任务是向世界说明中国，促进外国公众认识真实的中国——包括中国的文化传统、社会发展、经济状况、政治体制和对内、对外政策等。”[*]在这当中，向世界说明中国的历史，尤其是说明近代史中的重大事件和历史人物是顺理成章的。

中国纪念馆应该成为开展公共外交的优势平台。随着我国社会经济的快速发展，中国国际交通的愈加便利，越来越多的外国人士来到中国。很多人到达一座城市，往往要参观各种各样的纪念馆，甚或在纪念馆座谈研讨、深入交流，以获得我国的历史文化知识和各种其他信息，从而加深对中国的了解，形成各种各样的印象。在纪念馆中参观交流的过程，实际上就是公共外交的实践过程，只是参与人可能并未意识到而已。当前，我国正处在文化事业大发展的时期，相信中国纪念馆的阵容会越来越强大，开展公共外交的前景会越来越宽阔。

中国纪念馆发展到今日已经具有开展公共外交的良好条件。



* 赵启正著:《公共外交与跨文化交流》，中国人民大学出版社2011年版。

更可贵的是，许多纪念馆已经有了强烈的开展公共外交的意识，十分注意跨文化交流的方法创新，主动为来馆的外国人服务。据悉，仅以侵华日军南京大屠杀遇难同胞纪念馆为例，去年共接待了563万观众，其中有40多万人次来自世界上95个国家。为此，他们不仅配备了12种语言的语音导览器和《展馆简介》，还专门招聘和培训了英、德、日、韩等语种的讲解员。该馆所有的展品和标识都用中、英、日三种文字标注。不仅如此，他们十分看重国际交流，经常在国内外组织和参加国际学术研讨会和史料展，不仅吸引了学者到会，也有南京大屠杀幸存者参加。这些年，他们到过日本、韩国、印度、孟加拉国、以色列、波兰、美国、意大利、丹麦、俄罗斯、菲律宾等国，进行了历史文化与和平友好的广泛交流。这些都属典型的公共外交活动。

各国纪念馆的设计都尽力协调对内和对外的传播。英国曾经在20世纪90年代的中后期，通过通商、观光（包括各种纪念馆）、文化振兴来强化公共外交。他们在发展旅游业的同时，没有忘记着力唤醒国民的自豪感，以此努力刷新英国“保守顽固的阶级社会”的旧国际形象。“9·11”事件以后，美国强调重振公共外交，注意到表达的手段要适合青少年。英美两国的这些做法，几乎与中国纪念馆的工作重点与对象完全一致，除了对外交流，还以本国青少年为对象进行教育，唤醒国民爱国主义的自豪感、责任感和自信心。

用讲故事的方式传播历史文化，开展公共外交，是一种好的方法。公共外交可以更为宽松、生动和灵活地采取多种形式在多种场合发出声音，讲述本国的“故事”。许多历史事件与文化现象往往比较复杂，如用心不够，讲解起来会枯燥、呆板。如果通过纪念馆忠于史实的再描述，把它们变成一个个有情、有景、有味、有吸引力的故事，再配之于一幅幅图片，使历史人物或者历史事件鲜活起来，才能易于人们，尤其是外国人听得明白。

出版这套书是一件值得肯定和支持的好事。我相信《中国纪念馆故事》的出版问世，一定会引起社会各界的重视，也为我国开展公共外交增添一抹亮丽的色彩。

（作者原为中国国务院新闻办公室主任，现任中国人民政治协商会议常委、外事委员会主任，兼任中国人民大学新闻学院院长）

# 目　录

## 第三部分　珍贵文物钩沉

120-163



## 第四部分　相关事件解析

164-204

# 前　言

1921年7月23日，中国共产党第一次全国代表大会在上海望志路106号（今兴业路76号）召开，宣告了中国共产党的诞生。从此，古老的中国出现了完全新式的，以马克思列宁主义为行动指南，以实现共产主义为奋斗目标的统一的无产阶级政党。中国革命的面貌焕然一新。毛泽东曾经说："中国产生了共产党，这是开天辟地的大事变。"由此，中共一大会议成为中国共产党领导的中国革命历史的红色之源。中共一大会址成为中国共产党诞生和发展的重要实物见证，成为中国亿万各族人民向往的革命圣地。

新中国成立后，党和人民政府十分重视党的诞生地革命旧址的调查和勘实工作。中共一大会址于1951年4月勘实，1952年9月成立纪念馆并正式对外开放。1961年3月4日，国务院公布中共一大会址为第一批全国重点文物保护单位。中共一大会址纪念馆建馆60多年来，已累计征集和收藏革命史料和历史照片10万余件，其中国家文物38 000多件，定为国家一级文物的118件。纪念馆充分利用党的诞生地革命旧址和馆藏文物史料，筹划举办了反映中国共产党创建历史和上海革命历史的各类专题陈列70多个，编研出版了各种专著50多本，组织召开了全国性和国际性的学术研讨会10多次，接待国内外观众1 200多万人次。中共一大会址纪念馆已成为全国中国共产党创建历史的文物收藏和研究中心，成为全国爱国主义教育示范基地、全国廉政教育基地、全国红色旅游经典景区和国家一级博物馆。

《中共一大会址纪念馆故事》一书，通过对中共一大会议召开前后的重大事件、重要人物、珍贵革命旧址和革命文物史料的细致描述和介绍，勾画了中国共产党成立时期既纷繁复杂、跌宕起伏，又风云际会、绚丽多姿的历史景观，揭示了“中国共产党的成立是马克思列宁主义与中国工人运动相结合的结果”和“没有共产党就没有新中国”的历史结论。书中详细介绍了上海、北京等各地共产党早期组织的成立和主要活动；中共一大代表的主要经历和他们最后所走过的不同人生轨迹；中共一大会议召开的来龙去脉和曲折经过等。而且，都以一个个故事的形式，娓娓道来，让读者在颇有趣味的阅读中，在感慨历史发展过程中众多的偶然性的同时，进一步体会中国共产党成立的历史必然性，品味历史的真实和丰富。

《中共一大会址纪念馆故事》一书的出版，如果能对广大读者进一步了解中国共产党的创建历史；进一步加深对中国共产党的成立是中国近代历史发展的必然结果的理解；进一步坚定对中国特色社会主义道路，中国特色社会主义理论体系和中国特色社会主义制度的道路自信、理论自信和制度自信有所启示和帮助的话，这正是我们编辑这本书的初衷和愿望。

中共一大会址纪念馆
馆长、研究馆员 倪兴祥

党的第一次全国代表大会正式宣告了中国共产党的诞生,从此,在中国出现了一个完全崭新的,以马克思列宁主义为其行动指南的,统一的无产阶级政党。中国的无产阶级因此有了战斗的司令部,中国的劳苦大众从此有了翻身解放的希望,中国的革命从此焕然一新。

中國共産党第一次全国代表大会會址紀念館

# 第一部分

# 建党活动探秘

# “南陈北李”相约建党

1919年五四运动以后，俄国十月革命的影响在中国知识分子中愈益深刻。由于对帝国主义的幻想的破灭和对社会主义的强烈向往，特别是受到“五四”时期工人运动的影响，在中国产生了一批立志走十月革命道路的共产主义知识分子。他们认识到，要从根本上改造中国社会，就必须建立一个像俄国布尔什维克党那样的无产阶级政党，从而开始了在中国近代史上具有划时代意义的创建中国共产党的伟大实践。

在中国最早酝酿创建共产党的是陈独秀和李大钊。

陈独秀

李大钊

1919年6月，陈独秀因在北京散发反对北洋政府的传单而被关押。9月16日，经各界营救获释出狱。陈独秀出狱后仍然受到京师警察厅的监视。为了躲避军阀政府的迫害，他辞去北京大学文科学长的职务，专门从事新文化运动。当时他的思想很激进，是有很大影响的社会主义宣传者。

1920年1月29日，陈独秀应汪精卫、章士钊的邀请，从北京到上海，为西南政府筹办西南大学。经过几天商议，陈独秀草拟了《西南大学组织大纲》。2月4日，他抵达武汉，应邀到武昌文华大学等校去演讲，提倡“打破阶级的制度，实行贫民社会主义”，鼓吹彻底改造社会，演讲轰动武汉社会各界。湖北官厅大为惊骇，令其停止演讲，速离武汉。当陈独秀离开武汉重返北京后，北洋政府急忙命令京师警察厅派了一名警察，守候在北池子陈独秀寓所门前，准备等陈独秀一到北京马上加以逮捕。陈独秀的友人、北京大学教授高一涵得悉后，就同李大钊商量，决定派人先到西车站守候，待陈独秀一下车，就把他接到北京大学理科教授王星拱家里暂避，而后再转移到李大钊家里。不久，为了安全起见，李大钊决定由他亲自秘密护送陈独秀离开北京。

1920年2月的一天，一辆骡车驶出北京朝阳门，在通往天津的公路上缓缓行进。当时正是北京一带生意人往各地收账的时候，陈

▲粵漢路工之進行

▲學界歡迎陳獨秀

▲顧繁赴湘之鄂聞

▲鐵血傷軍之時機

1920年2月11日，上海《时报》刊登武汉《学界欢迎陈独秀》的消息

独秀头戴毡帽，身穿王星拱家里厨师的一件背心，背心上沾满了乌黑发亮的油迹，坐在骡车里面。李大钊跨在车把上，打扮成收账的生意人模样，携带的几本账簿印有店家红纸片子。在几天的旅途中，他们严肃认真地谋划在中国建立一个像俄国那样的布尔什维克政党。

陈独秀到天津后，又乘轮船赴上海。事先李大钊已向在上海的北京大学学生许德珩发出电报，要他在上海帮助陈独秀找住所。许德珩接到电报后，就预租了法租界环龙路老渔阳里2号（今南昌路100弄2号），让陈独秀定居下来。这幢二楼二底的坐北朝南的里弄石库门房子原来是柏文蔚的。辛亥革命后，柏文蔚曾在孙中山的调派下，到安徽当过都督。

陈独秀在环龙路老渔阳里2号定居后，把《新青年》编辑部从北京迁到这里。此时此刻，他对北京的学生运动状况作了深刻的反思，感悟到没有工人阶级的奋起，只有学生运动难以达到社会革命的目的。于是他把目光转向工人阶级，开始把马克思主义与工人运动结合起来。为了发动工人起来开展革命斗争，陈独秀到中华工业协会、中华工会总会等劳工团体调查，深入了解上海小沙渡和码头工人的罢工情况。1920年4月2日，他在上海船务栈房工界联合会发表《劳动者的觉悟》的演说，对工人阶级在社会中的重要地位做出高度评价。

1920年5月1日，中国工人阶级在共产主义知识分子等的组织下，第一次纪念自己团结战斗的节日“五一”国际劳动节。上海、北京、广州、唐山等地的工人都纷纷举行了纪念活动。陈独秀为此进行调查研究和宣传工作，1920年5月郑重出版《新青年》第7卷第6号《劳动节纪念号》。该纪念专刊共发表文章28篇，其中有李大钊的《“五一” MayDay运动史》一文，以马克思主义的剩余价值学说，揭露工人和资本家的贫富悬殊和尖锐对立，指出“劳动问题”的症结所在是无法调和的无产阶级和资产阶级的矛盾。

“五一”节的纪念活动是共产主义知识分子和工人运动相结合的初步尝试，这对于推动马克思主义的传播和工人运动的发展，推动共产主义者酝酿建党的实际活动的开展，是具有重大意义的。

陈独秀在上海定居后，还联络一批先进分子经常学习和研讨马克思主义学说，宣传新思想，并在此基础上酝酿筹建党的早期组织。

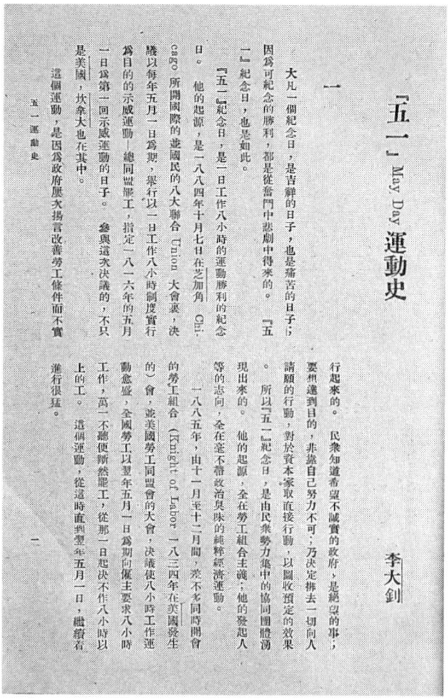
『五一』May Day運動史

李大釗

一

大凡一個紀念日，是吉祥的日子，也是痛苦的日子；因爲可紀念的勝利，都是從奮鬥中悲劇中得來的。『五一』紀念日，也是如此。

『五一』紀念日，是一日工作八小時的運動勝利的紀念日。他的起源，是一八八四年十月七日在芝加角 Chicago 所開國際的並國民的八大聯合 Union 大會裏，決議以每年五月一日爲期，舉行以一日工作八小時制度實行爲目的的示威運動—總同盟罷工，指定一八一六年的五月一日爲第一回示威運動的日子。參與這次決議的，不只是美國，坎拿大也在其中。

這個運動，是因爲政府屢次揚言改善勞工條件而不實行起來的。民衆知道希望不誠實的政府，是絕望的事；要想達到目的，非靠自己努力不可；乃決定排去一切向人請願的行動，對於資本家取直接行動，以圖收預定的效果。所以『五一』紀念日，是由民衆勢力集中的協同團體湧現出來的。他的起源，全在勞工組合主義；他的發起人等的志向，全在毫不帶政治臭味的純粹經濟運動。

一八八五年，由十一月至十二月間，差不多同時開會的勞工組合（Knight of Labor 一八三四年在美國發生的）會，並美國勞工同盟會的大會，決議使八小時工作運動愈盛，全國勞工以翌年五月一日爲期向傭主要求八小時工作，萬一不聽便斷然罷工，從那一日起決不作八小時以上的工。這個運動，從這時直到翌年五月一日，繼續着進行很猛。

五一運動史　一

《新青年》第7卷第6号上刊载李大钊撰《“五一” May Day运动史》

李大钊返回北京后，和邓中夏、高君宇等经过多次酝酿讨论，决定首先在北京大学组织一个马克思主义的研究团体，为建党做思想上和干部上的准备。

马克思学说研究会团结了许多进步青年。李大钊是马克思主义的先驱者，当时具有很高的声望，许多青年团结在他的周围，把他作为良师益友。毛泽东后来回忆说：“我们那个时候是他的学生。”“我在李大钊手下，在国立北京大学图书馆当助理员的时候，就迅速朝着马克思主义的方向发展。”李大钊大力宣传马克思主义，影响了“五四”时期广大的知识青年，使他们中的先进分子逐步走上马克思主义所指引的革命道路。

当时，邓中夏等共产主义知识分子和一部分青年学生，在李大钊的影响下，开始到工人群众中去，接近劳动群众。邓中夏带领该团体团员到达长辛店。他们虚心向工人学习，和他们促膝谈心，交朋友，宣传革命道理，深受工人的欢迎。

以陈独秀、李大钊为代表的共产主义者相约在上海和北京开展各项革命活动，为中国共产党的筹建打下了重要的基础。

1920年4月，共产国际派维经斯基来华，随行的有俄共（布）党员、翻译杨明斋。他们同李大钊、陈独秀等取得联系，帮助筹建中国共产党。同年6月，陈独秀、李汉俊、俞秀松、施存统、陈公培5人在陈独秀寓所聚会，成立上海共产党早期组织。为了使全国各地尽早建立党的早期组织，上海的共产党早期组织的成员发函给北京、武汉、长沙、济南等地的共产主义者，建议各地建立同样性质的组织，起到了中国共产党发起组的作用。同年10月，北京的共产党早期组织在北京大学图书馆李大钊的办公室正式成立，发起人有李大钊、张国焘、张申府3人。上海、北京的共产党早期组织成立后，武汉、长沙、广州、济南等地的先进分子以及旅日、旅法华人中的先进分子也相继建立了共产党早期组织。

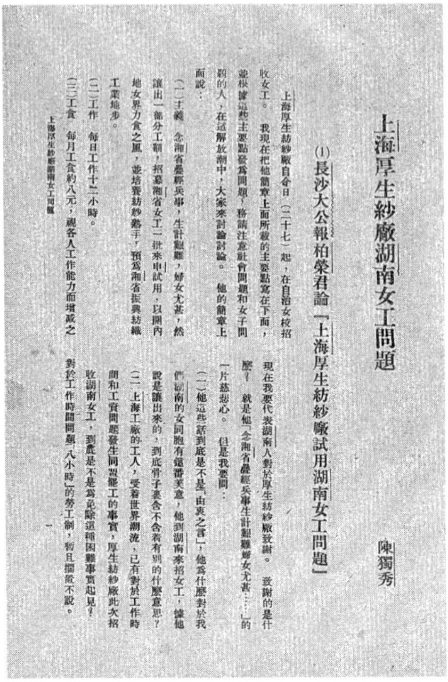

上海厚生紗廠湖南女工問題

陳獨秀

(1)長沙大公報柏榮君論「上海厚生紡紗廠試用湖南女工問題」

上海厚生紡紗廠自今日（二十七）起，在自治女校招收女工。我現在把他簡章上面所載的主要點寫在下面，並根據這些主要點發爲問題，務請注意社會問題和女子問題的人，在這解放潮中，大家來討論討論。他的簡章上面說：

(一)主義　念湘省疊罹兵事，生計艱難，婦女尤甚，然讓出一部分工額，招募湘省女工一批來申試用，以開內地女界力食之風，並培養紡紗藝手，預爲湘省振興紡織工業地步。

(二)工作　每日工作十二小時。

(三)工食　每月工食約八元，視各人工作能力而增減之

現在我要代表湖南人對於厚生紡紗廠致謝。致謝的是什麼？就是他「念湘省疊罹兵事生計艱難婦女尤甚……」的一片慈悲心。但是我要問：

(一)他這些話到底是不是「由衷之言」，他爲什麼對於我們湖南的女同胞有這番美意，他到湖南來招女工，據他說是讓出來的，到底骨子裏含不含着有別的什麼意思？

(二)上海工廠的工人，受着世界潮流，已有對於工作時間和工資問題發生同盟罷工的事實，厚生紡紗廠此次招收湖南女工，到底是不是爲免除這種困難事實起見？

對於工作時間問題「八小時」的勞工制，暫且擱起不說。

上海厚生紗廠湖南女工問題

《新青年》第7卷第6号上刊载陈独秀撰《上海厚生纱厂湖南女工问题》

各地共产党早期组织成立后，建党活动不断发展，建党工作初具规模。在此期间，许多具有初步共产主义思想的知识分子，在实际斗争中完成了世界观的转变，已逐渐成为愿意为无产阶级革命事业奋斗的先锋战士。他们决心以俄国十月革命为榜样，在中国尽快建立无产阶级的政党——中国共产党。1921年7月中国共产党第一次全国代表大会在上海召开，庄严宣告中国共产党的正式诞生。

（保管部研究馆员　陆米强）

# 维经斯基来华帮助中共建党

中国共产党的创建不仅是中国早期先进的马克思主义者与工人阶级结合的产物，还得到了苏联和共产国际的大力帮助。1919年“五四”爱国运动爆发后，共产国际先后派了几位密使来到中国，了解中国的情况，与中国进步组织的代表建立联系，帮助建立中国共产党，维经斯基就是其中的一位。

维经斯基，1893年生于俄国，中文名吴廷康，1915年加入美国社会党，1918年回国，加入俄国共产党。1920年1月参加共产国际工作。1920年3月，经俄共（布）中央正式批准，俄共（布）远东局建立，负责领导远东地区各国革命者的工作。同年4月，受共产国际的派遣，维经斯基、库兹涅佐娃和翻译杨明斋来中国，其任务是：深入了解中国国内情况；与中国革命者建立直接的联系，建立革命组织，开展共产主义宣传工作；条件成熟的话，研讨中国建党问题等。

维经斯基一行到达北京后，受到了李大钊的热情接待。通过举行各种座谈会，介绍俄国十月革命的情况，宣传马克思列宁主义，帮助具有初步共产主义思想的知识分子摆

维经斯基

维经斯基故居，位于霞飞路（今淮海中路）716号。

脱无政府主义和各种非马克思主义的社会主义的影响。经过与李大钊多次恳谈，维经斯基认为，中国已具备建立共产党的条件，表示要帮助建立中国共产党。李大钊遂介绍维经斯基到上海同陈独秀会谈。

在维经斯基来华之前，中国最早的马克思主义先驱陈独秀和李大钊就在上海和北京酝酿创建中国共产党，而维经斯基的到来，给予了中共建党大业以不可或缺的外部帮助和经济支持，使之成为现实。维经斯基利用东方民族部提供的活动经费，在上海成功地展开了工作，包括在上海成立了革命局，由5人组成（4名中国革命者和维经斯基），下设三个部，即出版部、宣传报道部和组织部。通过与陈独秀的接触，双方商定由共产国际提供经济资助，在上海展开建党大业。在陈独秀的领导与策划下，1920年6月中旬，上海共产党的早期组织在《新青年》编辑部正式成立。这是中国大地上出现的第一个共产主义组织，它还以马克思主义为指导起草了具有党纲、党章性质的若干条文，确定中国无产阶级政党必须采用劳工专政（或劳农专政）、生产合作等手段达到社会革命的目的。

在中共上海发起组成立的同时，共产国际为了在中、朝、日等东亚国家直接进行实际活动，于1920年5月在上海成立东亚书记处。该处所设“中国科”的主要任务之一，即是“成立共产主义组织，在中国进行党的建设工作”。在上海成立革命局后，维经斯基派米诺尔在北京和广州两地相继成立了革命局，指导和帮助北京和广州成立中国共产党的早期组织。由于维经斯基最初的设想并不是在中国建立一个纯粹的中国共产党，而是致力于“将各革命团体联合起来组成一个中心组织”，所以北京、广州两地最初的组织成员除了马克思主义者外，还有无政府主义者。广州共产党早期组织的9位执行委员中除了两位共产国际代表外，其余7位都是无政府主义者。直到1920年12月，陈独秀和维经斯基两人先后到达广州后，才开始建立正式的纯粹的共产党组织，“他们进行过非常热烈的争论，认为必须摆脱无政府主义者，也就在这时，无政府主义者退出了党”。在维经斯基回国后的1921年3月，陈独秀、谭平山、谭植棠、陈公博等共同建立了广州共产党早期组织，其中就没有无政府主义者参加。

上海共产党的早期组织成立后，其成员除了积极发函给武汉、长沙、济南等地的共产主义者外，还通过派人指导和具体组织等方式积极推动武汉、长沙、济南等地成立共产党早期组织。到1921年春，在维经斯基和中国早期马克思主义者的共同努力下，上海、北京、武汉、长沙、济南、广州相继成立了中国共产党的早期组织，为中国共产党的成立奠定了基础。

民國日報
中國人與俄國勞農政府通告
第一集

1920年4月14日，上海《民国日报》刊登《中国人与俄国劳农政府通告》。

1921年年初，维经斯基准备启程返俄归

国，在回国之前经过北京时，他“表示极希望中国的共产主义者和他们所建立起来的各地的雏形组织能够从速联合起来，举行第一次全国共产党代表大会，正式成立中国共产党，并迅速加入共产国际，成为它的一个支部”。1921年7月，中国共产党第一次全国代表大会在上海召开，正式宣告了中国共产党的成立。

中国共产党的创建是中国近代社会和历史发展的必然产物，是中国早期马克思主义者独立自主完成的，但共产国际和维经斯基确实也给予了很大的指导，在思想上、组织上和经济上为中国的建党活动提供了很大的帮助，加速了中共创建的历史进程。

（保管部馆员　毛亚蓉）

# 中共上海发起组成立始末

1920年6月中国共产党上海发起组正式成立。它是在党的主要创始人之一陈独秀的筹划下，经过上海的早期共产主义者的共同努力，得到共产国际代表的帮助而成立的。

1919年“五四”反帝爱国运动的爆发震惊中外，也引起了苏俄和共产国际的极大关注。为了了解中国革命的状况，求得世界无产阶级革命与亚洲民族解放运动的互相支援与结合，1920年4月，经共产国际同意，俄共（布）远东局派出维经斯基及其翻译杨明斋等人到中国。维经斯基一行的任务是了解中国的政治情况，与中国

五四运动爆发后，北大学生游行队伍向天安门进发

的进步力量建立联系；宣传俄国革命和俄共经验；条件成熟的话，研讨中国建党问题等。

维经斯基到北京后，受到了李大钊的热情接待，也受到了北京各界进步人士和革命青年的热烈欢迎。他详细介绍了苏俄十月革命后的情况及其内外政策，使得中国先进知识分子加深了对苏俄革命的了解，坚定了走俄国十月革命道路的决心。李大钊和维经斯基就中国共产党的创建问题进行了多次探讨，双方一致认为中国已经具备了建立中国共产党的条件。为了加速中国共产党的创建，李大钊介绍维经斯基一行赴上海会见陈独秀，共商建党大计。

4月下旬，维经斯基一行到达上海后，由陈独秀出面邀请陈望道、戴季陶、沈玄庐、李汉俊、张东荪、邵力子、沈雁冰、陈公培、俞秀松、施存统、刘大白、沈仲九、丁宝林（女）等人在上海法租界环龙路老渔阳里2号陈独秀寓所（即新青年编辑部）和白尔路三益里17号星期评论社多次举行座谈会，讨论社会主义思潮和中国革命问题。刘大白、沈仲九是《星期评论》的撰稿人，新文化运动的积极参加者。丁宝林是浙江绍兴女师的教员。维经斯基在座谈会上热情地介绍了俄国革命和革命后的政治、经济、教育等各方面的情况，使与会者大开眼界，耳目一新。会议举行数次后，打算在此基础上成立马克思学说研究会。张东荪、戴季陶两人只参加了一次座谈会后就不再参加。据说张东荪退出的理由是："他原以为这个组织是学术研究性质。现在说就是共产党正式成立前的预备组织，那他就不能不退出，因为他是研究系，他不打算脱离研究系。"戴季陶说他只信奉三民主义，他研究社会主义的目的是为了预防中国实现社会主义。他当时便说：我是三民主义的信徒，孙中山在世一日，我就不参加共产党。

张东荪、戴季陶两人拒绝参加马克思学说研究会，使真正信仰马克思主义的人聚集在一起，他们越来越觉得有学习、宣传马克思主义和组织中国共产党的必要。1920年5月，上海成立了马克思主义研究会，由陈独秀负责，成员有李汉俊、陈望道、沈玄庐、施存统、杨明斋、俞秀松、沈雁冰、邵力子等。6月，陈独秀、李汉俊、俞秀松、施存统、陈公培5人在陈独秀寓所开会，讨论了建立中国共产党的问题，决定初步定名为“社会共产党”。会上以马克思主义为指导起草了具有党纲、党章性质的若干条文，确定中国无产阶级政党必须采用下列手段达到社会革命的目的：一、劳工专政（或劳农专政），二、生产合作，其他还有党的严密的组织等内容。会议选举陈独秀为领导人（书记）。这标志着中国共产党最早组织的产生。

同年8月，陈独秀写信给李大钊，征求他对于党的名称的意见。李大钊的意见是定名为“共产党”，陈独秀表示完全同意，于是不再称“社会共产党”。

为了统一各地共产主义者对建党思想的认识，并为正式建党做准备。1920年10月，上海共产党早期组织曾制定了一份《中国共产党宣言》。宣言明确提出，要建立中国共产党，要依靠工农群众进行无产阶级革命，建立无产阶级专政。宣言表明了中国共产主义者决心走十月革命的道路，为在中国实现崇高的共产主义理想而奋斗的誓愿。这个宣言当时没有

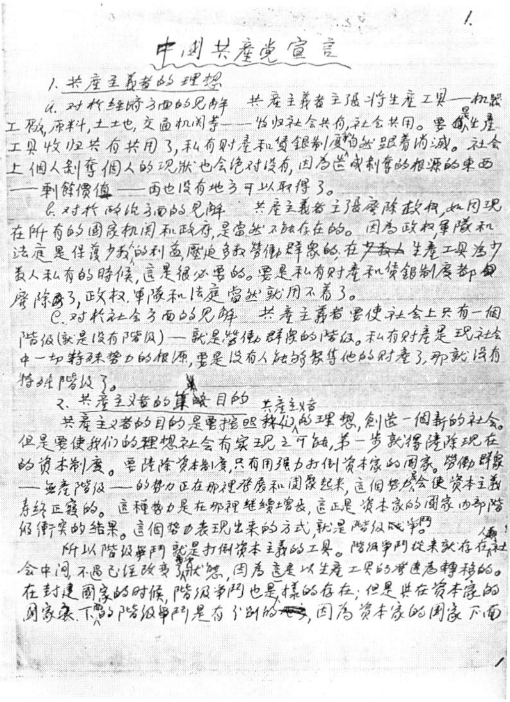

1.

中国共产党宣言

1. 共产主义者的理想

a. 对于经济方面的见解　共产主义者主张将生产工具——机器工厂，原料，土地，交通机关等——收归社会共有，社会共用。要是生产工具收归共有共用了，私有财产和赁银制度自然跟着消灭。社会上个人剥夺个人的现状也会绝对没有，因为造成剥夺的根源的东西——剩余价值——再也没有地方可以取得了。

b. 对于政治方面的见解　共产主义者主张废除政权，如同现在所有的国家机关和政府，是当然不能存在的。因为政权，军队和法庭是保护少数人的利益，压迫多数劳动群众的。在生产工具为少数人私有的时候，这是很必要的。要是私有财产和赁银制度都废除了，政权，军队和法庭当然就用不着了。

c. 对于社会方面的见解　共产主义者要使社会上只有一个阶级（就是没有阶级）——就是劳动群众的阶级。私有财产是现社会中一切特殊势力的根源，要是没有人能够聚集他的财产了，那就没有特殊阶级了。

2. 共产主义者的目的

共产主义者的目的是要按照共产主义者的理想，创造一个新的社会。但是要使我们的理想社会有实现之可能，第一步就得铲除现在的资本制度。要铲除资本制度，只有用强力打倒资本家的国家。劳动群众——无产阶级——的势力正在那里发展和团聚起来，这个势力是会使资本主义寿终正寝的。这种势力是在那里继续增长，这正是资本家的国家内部阶级冲突的结果。这个势力表现出来的方式，就是阶级争斗。

所以阶级争斗就是打倒资本主义的工具。阶级争斗从来就存在人类社会中间，不过已经改变了形态，因为这是以生产工具的发达为转移的。在封建国家的时候，阶级争斗也是一样的存在；但是在资本家的国家里面的阶级争斗是有分别的，因为资本家的国家下面

《中国共产党宣言》手抄件

公开发表，仅供内部学习和作为接受党员的标准，但它实际上起了临时党纲的作用，为后来党正式成立时制定党纲奠定了基础。

上海共产党早期组织成立后，积极开展各项工作，宣传马克思列宁主义，组织工人运动和创建社会主义青年团。此外，上海共产党早期组织还通过写信联系、派人指导或具体组织等方式，积极推动各地共产党早期组织的建立，实际上起着中国共产党发起组的作用。1921 年7月，中国共产党第一次全国代表大会在上海召开。此时，对各地党组织建党工作起了推动作用的上海发起组，完成了历史赋予的光荣使命。

（保管部馆员　毛亚蓉）

# 俞秀松与上海共产主义青年团

1920年8月，在上海法租界渔阳里6号(今淮海中路567号)发起成立了中国第一个青年团组织——上海社会主义青年团。发起者中，最主要的一位就是当时上海共产党早期组织最年轻的成员、团的第一任书记——俞秀松。俞秀松为创建中国共产党和中国社会主义青年团做出了卓越的贡献，他是我党最早的青年工作领导者。

俞秀松，原名寿松，字柏青，又名余寅初，俄文名那利曼诺夫，浙江诸暨次坞溪埭村人。1916年，17岁时考入浙江省立第一师范学校。在校期间，俞秀松思想活跃，求知欲旺盛，爱寻根究底，同学们称他为“三W(英语‘谁、什么、为什么’的缩写)主义者”。又以善辩著称，为学生骨干之一。其时，立下志愿:“做一个利国利民的东南西北人。”

俞秀松

1919年北京学生“五四”爱国反帝运动巨浪般的怒吼声，冲破了古国的沉默和荒寒，也震动了俞秀松年轻的灵魂，使他看到了希望，激起了投入战斗的热情。5月12日，他和宣中华等人发动杭州

14所中等以上学校约3 000名学生汇集在湖滨公园，举行声援北京、上海学生爱国反帝大会，举行了杭州第一次大规模的反帝、反封建的示威游行。他还积极组织和带领学生宣传队，提倡国货、抵制洋货，被誉为杭州学生运动的领袖和先驱。

俞秀松经过五四运动的战斗洗礼，和宣中华创办了《双十》半月刊，后改为《浙江新潮》。他主编的这个刊物是浙江最早受十月革命影响，宣传社会主义思想的刊物。他在发刊词中提出一个改造社会的纲领："要本着奋斗的精神，用调查、批评、指导的方法，促进劳动界的自觉和联合，去破坏束缚的、竞争的、掠夺的势力，建设自由、互助、劳动的社会，以谋人类生活的幸福和进步。"俞秀松破天荒地指出改造社会的责任要落实到劳动阶级身上。提出知识阶级里面觉悟高的人，应该打破知识阶级的观点，投身劳动界中和劳动者联合一致，向共同的目的进行奋斗。

俞秀松（后排中）在上海外国语学社与罗亦农（前排左一）、袁笃实（前排左二）、谢文锦（后排右一）等人合影

《浙江新潮》一问世，就以战斗的姿态对社会制度和封建礼俗进行了猛烈的抨击，成为当时浙江传播新文化、新思想的旗帜。

《浙江新潮》因刊登施存统《非孝》一文被反动当局查封，俞秀松被迫退学。恰在这时，他对家庭包办的婚姻十分不满，便决定去北京。出发前，俞秀松给父亲写了封信，要求支援些路费，信的开头称父亲为"韵琴同志"。

父亲对这一称呼既陌生又生气，只汇了一块钱去，回信告诉他说，“四万万同胞都是你的同志，每一个同志给你一块钱，一切问题岂不都解决了”。幸亏亲戚好友解囊相助，俞秀松还是上路了。当他背起行囊，对小弟说的最后一句话是：“我这次出去，几时回来没有数。我要等到大家有饭吃，等到讨饭佬有饭吃时再回来。你要相信，这一天会到来的。”

1920年1月10日，俞秀松来到北京，加入工读互助团。然而工读主义毕竟是空想社会主义，仅过了三个月，就以失败而告终。这使俞秀松受到了深刻教育，认识到要改造社会，必须从根本上谋求全体的改造，枝枝节节地一部分一部分改造是不可能、也是不中用的；而在社会没有彻底改造之前，也不可能试验新的生活。于是俞秀松开始下决心做一个革命家。

1920年3月，俞秀松由李大钊介绍来到上海，与陈独秀相识，在上海星期评论社工作。不久，俞秀松与陈独秀等人建立了中国共产党上海发起组，成为发起组中最年轻的成员。同年8月22日，为团结进步青年，进一步发展党组织，俞秀松接受陈独秀委托，发起组织了上海社会主义青年团，并任第一任书记。青年团设在渔阳里6号。俞秀松主持制定了社会主义青年团章程，联络、发动、指导各地建团。短短几个月，北京，济南、长沙、武汉等地也建立了青年团组织，上海社会主

中国社会主义青年团中央机关旧址（今上海市淮海中路567弄6号）

义青年团在全国建团过程中起了发起组的作用。不久，在各地青年团组织基础上，成立了中国社会主义青年团，俞秀松担任临时团中央书记。他在这一时期的工作和生活条件非常艰苦，但他和同志们还是一起努力把我国的青年团建立并逐步发展了起来。

与此同时，俞秀松为进一步培养和教育青年，在上海社会主义青年团机关内创立了“外国语学社”。他设法了解和学习各国党团建设的经验教训，并以中国社会主义青年团书记身份，积极为中国青年赴苏留学奔波。在他的努力下，在上海外国语学社学习，后来成为我党骨干的任弼时、刘少奇、萧劲光、彭述之、罗亦农等青年，分期分批前往莫斯科东方大学学习。外国语学社可谓是我党创办的第一所青年干部学校。



俞秀松主持的上海社会主义青年团工作所取得的进展和成绩，引起了少共国际的注目，称赞它“是中国青年团中最好的一个”，特地来信邀请上海团组织派一名代表出席少共国际“二大”。经研究，组织决定委派俞秀松为代表，参加少共国际“二大”。俞秀松于1921年3月29日起程前往莫斯科。俞秀松向大会作了题为《中国

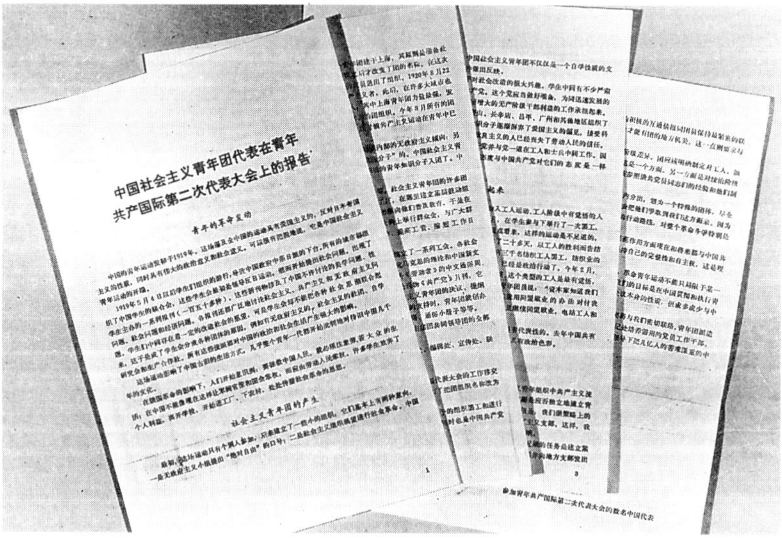


中国社会主义青年团在青年共产国际第二次代表大会上的报告

社会主义青年团代表在青年共产国际第二次代表大会上的报告》。报告比较系统地阐述了“五四”以来中国青年运动发展概况，青年团诞生的背景、筹建经过、工作活动、组织机构、存在的问题，以及今后的任务。报告中强调了团必须服从党的领导，同时要考虑“青年团活动的特点”“保持独立性”。报告还提出了建团的正确原则，要坚持团在思想上和组织上的纯洁性，团的“原则是准备社会革命”，把中国“引向幸福而欢乐的共产主义制度”等。报告虽是初步的，但已具有学运必须与工运相结合、把中国青运与世界青运密切联系起来进行考察的思想。从报告中可以看出，建团还不到一年的上海和全国团组织的领导者包括俞秀松在内，对青年运动和团的建设的认识已有相当的水平。俞秀松的报告赢得了与会者的热烈掌声。

（研究室助理馆员　赵婕）

# 党培养干部的摇篮——外国语学社

1920年6月，上海共产党早期组织由陈独秀创建成立。同年秋，为了培养革命干部和输送革命青年去苏俄学习，上海共产党早期组织创办了外国语学社。由上海共产党早期组织成员杨明斋总负责，上海社会主义青年团的书记俞秀松协助办学。杨明斋和维经斯基的夫人库兹涅佐娃教授俄语，李达教日文，李震瀛、沈雁冰教英文，李汉俊教法文。

上海外国语学社的教室

上海外国语学社的学员宿舍

霞飞路新渔阳里6号（今淮海中路567弄渔阳里6号）就是外国语学社的公开办公教学场所，它实际上还是另外两个机构的所在地，一个是上海社会主义青年团机关，还有一个名义就是杨明斋办的华俄通讯社，专门发表介绍俄国十月革命的稿件，主要在《民国日报》副刊《觉悟》上刊登。

外国语学社是公

开的，大门上挂着外国语学社的牌子，还公开登报招生，但实际上学生当时大多数是通过陈独秀和上海党组织其他成员介绍入学的。任弼时、萧劲光等6位青年是毛泽东和湖南俄罗斯研究会向上海党组织介绍来的，汪寿华、华林等浙江青年是陈望道、俞秀松介绍来的，吴葆萼、蒋光慈等安徽青年是陈独秀介绍来的。外国语学社人数少时二三十人，最多的时候有五六十人。学生们主要学习俄文，因为很多人要去俄国深造；也有学习日文、法文和英文的。

第一張 中華民國九年九月三十
民國日報
THE REPUBLICAN DAILY NEWS
中華民國九年九月三十日（即舊歷八月十九日）（星期四）
本報開設在上海河南路第十二號（三茅閣橋北首）
今日四大張售大洋三分
外國語學社招生廣告
社會經濟叢書第一期出版預告

外国语学社在《民国日报》上的招生广告

外国语学社的建立对建党工作起到了积极的作用。学生们除了外语学习，还学习马克思列宁主义，而他们的课外实践活动就是参加上海的一些进步活动。1920年8月至1921年，青年团和工人运动等工作都曾在这里进行。青年团和外国语学社每周组织一次时事政治演讲会；党领导的第一个工会——上海机器工会发起会在此举行；开展统战工作，邀请工商友谊会，面谈筹办店员周刊；上海机器工会在此组织纪念“三八”妇女节活动；为赴俄学生与俄方联络等等。这一系列扩大党影响的活动，与外国语学社密不可分。外国语学社使得这些青年在思想上受到了其他学校不可能有的革命思想影响，他们既是学生又是革命者，既学外语又学革命理论，让他们树立了革命的世界观与价值观。学生们通过参加活动懂得了社会主义革命的艰巨和意义，增强了投身于革命事业的决心。

社会主义青年团最先是在外国语学社的学生中开展建团工作，

发展了李启汉、罗亦农、刘少奇、任弼时、萧劲光等一大批团员，他们日后大多成长为共产党的骨干。这些团员积极参加上海共产党早期组织的活动，如李启汉主持开办了工人半日学校。

1921年4月3日，罗亦农、柯庆施、周伯棣在上海外国语学社学习时的合影

外国语学社培养了一大批人才，是党培养干部的摇篮。1921年春，外国语学社有20多名学生被分成三批赴俄，先后进入莫斯科东方大学深造。他们学成回国后，立即投入革命工作，在党务、工运、教育、青年岗位上担任要职，做出很大贡献。其中有早期青年运动和工人运动的领袖人物俞秀松、任弼时、李启汉、汪寿华，有我党早期的政治活动家罗亦

莫斯科东方大学一角

农、王一飞、谢文锦、陈为人、吴芳，有军事家萧劲光，有翻译家、作家、诗人曹靖华、韦素园、蒋光慈，有司法专家梁柏台，有财政专家周伯棣，有担任过国家主席的刘少奇等等。

1922年冬天，外国语学社结束了它的历史使命，学员们有的去了苏俄学习，有的则被分配到国内各地工作。外国语学社从成立到结束，历时10个月，时间不算长，但却为培养党的后备干部和造就革命人才做出了重大贡献。国际青年共产党执行委员会东方部书记格林在给上海团组织的信中，赞扬“上海青年团是中国青年团中最好的一个”。

社会主义青年团在上海组织起来后，便向全国各地的共产主义者发出拟定好的社会主义青年团章程，建议各地也开始青年团的建设工作。有了共同的章程指导，北京、长沙、武汉、济南、广州等地都相继建立起社会主义青年团的组织。共产党早期组织在国内外多个城市组织起来，并分别组织开展各种活动。各地共产党早期组织的成立和活动为建立一个统一的无产阶级政党做好了准备，成立中国共产党的时机日益成熟了。

1921年7月23日，13名国内代表齐聚上海法租界望志路106号，中国共产党第一次全国代表大会召开了，并最终宣告了中国共产党的成立。

（宣教部讲解员、助理馆员　杨雨婷）

# 杨明斋与华俄通讯社

上海霞飞路（今淮海路）渔阳里6号，是一幢风格独特的石库门房子，走进深深的弄堂，犹如走进一段历史的回忆。中国社会主义青年团在这里诞生，外国语学社、华俄通讯社在这里创立，党的干部从这里茁壮成长，社会主义俄国的消息从这里传播。所有这些都与一个人物有着千丝万缕的关系，那就是被李大钊评价为“万里拓荒，一身是胆”的杨明斋。

杨明斋是中国共产主义运动的先驱者之一，是中国共产党上海发起组织和社会主义青年团的筹建者之一，是中国共产党创立时期著名的革命活动家，与李大钊、陈独秀等一起工作过，对党的早期事业做出过重大贡献。

杨明斋

杨明斋本名杨好德，字明斋，山东平度县人。1882年3月，杨明斋出生在一个小康家庭。3岁丧母，7岁入私塾，15岁时读完“四书五经”，成为山东平度县马戈庄一名有学问的人。因家道中落，16岁的杨明斋辍学务农。本想读书的杨明斋，经常感叹“人不逢时，心愿难从”。18岁时娶妻生子。妻子不久病逝，性格本来开朗的杨明斋变得孤僻起来，常独自在村头的河岸上踱步，思考路在哪里。陷入困境的杨明斋于1901年3月开始闯关东。家人原本期望杨明斋赚钱回家置地买房娶妻，然而没想到他回家时仍是一贫如洗。1913年，31岁的杨明斋第一次回老家，很多人以为他闯关东赚了大钱，没想到他告诉亲友他在海参崴也是苦力。父亲想留他在家共持家业，他劝慰父亲："您供我读书明理，我深知'父母在不远游'是古训。但是，当今世界列强对中国虎视眈眈，国将不保，修身不得，起家不能，待在家里怎么行！"1920年杨明斋第二次回家探亲时，除了换了一身行头，其他依旧如故。头戴白色圆顶高帽，身着"格松目克"外套，下穿马裤，西服革履。这样的装束在当时已算时尚，可是谁能知道，杨明斋因家中炕上人多，就只能睡在地上。杨明斋的后人回忆，两次回家时，他总谈共产党的事，说俄国有个列宁，穷人翻身了，中国要是走这样的路，就会好了。如果大家知道杨明斋早就加入了俄共，也就明白了他张口闭口只谈共产党的原因。

杨明斋到达海参崴后，秘密接触了布尔什维克，并在十月革命前成为俄国布尔什维克党党员。1919年，五四运动爆发后，俄国共产党注意到中国出现的情况，共产国际派出工作组，到中国开展

杨明斋在渔阳里6号的卧室兼办公室

工作。曾经与维经斯基并肩战斗过的杨明斋，作为工作组成员，身兼翻译、参谋、向导，回国协助建党等事宜。

1921 年春，共产国际东方局派遣维经斯基来到中国了解情况并帮助建立中国共产党。维经斯基的公开身份是俄文《上海生活报》记者，筹办通讯社。他到中国后会晤了李大钊、陈独秀。不久便在上海渔阳里 6 号设立了华俄通讯社，杨明斋任社长。该社是中国共产党创办的第一个通讯社。

杨明斋生活朴素，他就住在渔阳里 6 号一间亭子间里，他的卧室也是华俄通讯社的办公室，里面放有一张床，一张写字台。当时杨明斋每天下午带领着学生在这个仅有几平方米的小小空间里油印文章，竭尽全力沟通中俄两国人民的相互了解，向中国的广大读者传播马克思主义理论，宣传十月革命的胜利经验。1920年《新青年》曾刊登过华俄通讯社的来稿，《民国日报》也刊登过该社通讯稿。当时有人感慨地说：上海有两个通讯社，一是路透社，专门鼓吹帝国主义者的言论；一是华俄通讯社，是宣传共产主义理想的。由此可见，华俄通讯社在介绍和宣传俄国革命状况和马克思主义方面起了很大的作用。华俄通讯从成立到 1921 年7月终止工作的这段时间里，共向全国发布的通讯稿约 140 多份。

世界要聞

遠東俄國合作社情形

▲日本干涉俄事之影響

中俄通信社云。欲知遠東（遠東者指東三州而言）的俄國政治和經濟情形。須先注意遠東的最近二大實事。（一）日軍佔據各地的影響（二）遠東與北西伯利及歐俄。斷絕了各種經濟和政治的協力。遠東的居民和商務。自以上所說的二大實事發生後。陷入了最悲的慘況。日軍占據遠東各要地。不獨爲將來吞併地土之根據。實爲現時奪取經濟之保障。日軍自派兵於西伯利以來。費國帑極鉅。原爲先霸佔遠東富產財源。發達其資本和其勞力。後再實行侵掠。將其地據爲己有。日本早就羨慕遠東的富產。魚產業有最富的黑龍江及沿海所產之魚。林產業有一連數百方里之高大樹木。礦產業有黃金。銅鐵錫鉛銀石炭等。農產業有五糧。黃烟蜂窑胡麻的高原平地。銷貨場有全西伯利及東三省。殖民地有沿海州及阿穆爾。貝加爾各礦地。遠東的俄國殖民。原是被富產財源引導來的。若財源富產被日本侵去。那些居民自然就不安其位了。

遠東自與北西伯利斷絕交通後。演成了一個最孤弱的形式。這個地方的居民。要過一個特別困難的日子。社會徹底的改革。及實行社會共同苦樂的政治。在社會政府的俄國（即勞農委員政府）已經完全實行了。而遠東一方面。萬難照樣完全辦

1920年7月2日，《民国日报》发表华俄通讯社提供的新闻稿《远东俄国合作社情形》。

1921年7月23日，中国共产党第一次全国代表大会在上海召开，当时已经年届不惑的杨明斋身份由俄国共产党员转为中共党员。在众多20岁左右的早期党员眼中，杨明斋始终是长者形象。中共一大代表李达说，杨明斋是“很早的同志”，所以周总理后来回忆起杨明斋时称誉其为“忠厚长者”。

1929年，陈独秀被开除党籍，而对开除陈独秀持有异议的杨明斋，遭到斥责后愤愤不平。1930年，杨明斋秘密越境赴苏联治病。1938年，在苏共肃反扩大化中，杨明斋被捏造的罪名遭逮捕，并于同年5月被杀害。

1989年8月，杨明斋得到平反，国家民政部门公布杨明斋同志为革命烈士。

时光回到90多年前的渔阳里6号的亭子间里，在办公桌前坐着一位和蔼可亲、满口浓重的山东口音、举止稳重的长者，他是最初在这片东方大地上撒播革命种子的先驱者，他为中国共产党的创立做出了不可磨灭的贡献。让我们永远怀念他——杨明斋。

（陈列部助理馆员　李冬志）

# 中共一大代表的临时宿舍——博文女校

在上海市中心区太仓路上有一幢沿马路的三楼三底砖木结构旧式石库门房子，它就是原“博文女校”的校址，也是中共一大代表的住宿地。中共一大代表住宿在博文女校是由中共一大代表王会悟具体安排的。当时王会悟参加了上海女界联合会，担任《妇女声》的编辑，与博文女校校长黄绍兰关系很好，她便以“北京大学暑期旅行团”的名义，向黄绍兰租借教室，作为代表们的住宿地，黄绍兰一口答应下来。

博文女校旧址（今太仓路127号）

1921年7月中旬，代表们陆续从湖北、湖南、山东、广东、北京等地来到上海，住宿在这里。毛泽东、何叔衡（湖南代表），董必武、陈潭秋（湖北代表），王尽美、邓恩铭（山东代表），刘仁静（北京代表），包惠僧、周佛海（广东代表）9人就住在第二进楼上的中间两间教室里。室内陈设简陋，仅存放着木板床和书桌。中共一大代表从各地陆续到达上海后，大都忙于整理和准备各地共产党早期组织的情况与资料，准备在中共一大上宣读与汇报。这些知识分子对共产主义的认识与信仰还是比较清楚的。由于当时是盛夏，中共一大代表们纷纷摇着蒲扇，满头大汗地疾笔写作，直至深夜才休息。在那大地苍茫、生灵涂炭的黑暗岁月里，9位一大代表汇集在这幢简朴的石库门房里商讨建党大计。

当时博文女校的校长黄绍兰一家住在楼下，据当事人回忆，中共一大代表与她家人也结下了很深的友谊，据说毛泽东还经常买糖果给黄绍兰的小孩们吃。

住在博文女校的代表们经常聚在一起讨论和长谈，畅想着创立中国共产党以后的伟大事业和理想，以及如何在中共一大会议结束后，各自回到当地贯彻落实中共一大的决议和宣传中共一大的意义。

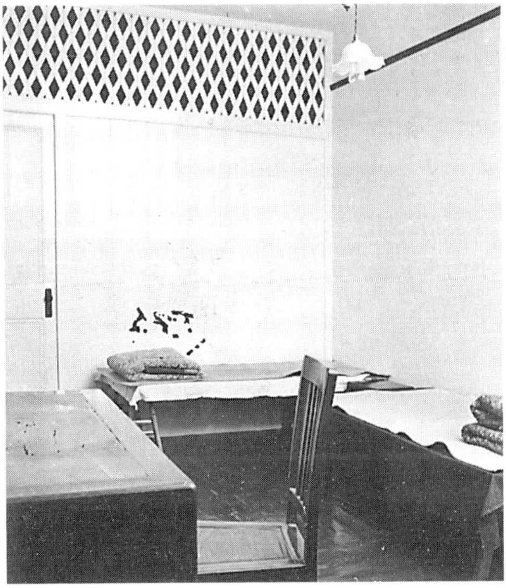
博文女校楼上的西厢房

坐落在太仓路127号的这幢石库门房子，在用作一大代表临时宿舍时还是新房子。1921年时太仓路叫白尔路，后又改为蒲石路，1949年新中国成立后改为现在的太仓路。

博文女校创办于1917年，是一所中小学合一的私立女子学校。该校由进步人士黄绍兰主持。黄绍兰早年毕业于北京女子师范学堂，她丈夫黄侃是北京大学教授。学校初办时在贝勒路（今黄陂南路）的一条弄堂里，后迁到蒲石路（今长乐路），1920年年初才迁到此处。博文女校办学期间曾得到黄兴的夫人徐宗汉和章太炎的夫人汤国黎等社会上层人士的大力支持，在校的学生最多时达300多人。不少学生是因反抗封建婚姻的迫害而离家出走，在此住读。我国著名女作家丁玲曾是该校学生。

博文女校在此幢房屋办校至1933年停办。此房屋以后成为居民住房。1951年为纪念中国共产党成立30周年，寻找到党的一大会址和一大代表临时宿舍以后，由房管部门陆续把这里的居民迁出，略加修复。1959年5月，上海市人民委员会（原市政府）公布此旧址被列为上海市级文物保护单位，并在此楼下客厅勒石纪念。1977年12月7日，上海市人民政府重新公布此楼为上海市文物保护单位。

（保管部馆员　苏长安）

# 走进小沙渡工人半日学校

## ——记我党第一个工人学校

20世纪初，民族资本家和外商在沪西吴淞江两岸小沙渡、曹家渡、潭子湾地区纷纷开办工厂，区域内逐渐形成轻、纺工业集中地。小沙渡位于现在的上海普陀区苏州河南岸，道路曲折多弯道，方便材料的运送和产品的输出；空气湿度高，有利于纺织业的生产；地处公共租界和华界的交界处，劳工价格低廉。这些得天独厚的地理和环境优势使得小沙渡迅速集聚了大量的产业工人。沪西工人深受帝国主义列强、封建军阀和官僚买办的压迫，富有革命精神。小沙渡因而成为20世纪初期早期共产党人开展职工运动的发源地之一。

1920年夏，上海共产党早期组织成立后，确立了两项工作重点，其中之一就是组织工人。为此党组织先后派人到小沙渡地区开办工人学校，在工人中传播马克思主义，发展共产党员，开展工人运动。

李启汉

聚集在沪西的纺织工人在当时上海产业工人中占了很大的比例，但这些工人生活困苦，缺乏文化知识，又被各种封建帮会所控制，不团结。被派到小沙渡地区的早期党员李启汉向党组织建议：沿用学生举办平民教育的成例，创办劳动补习学校，帮助工人提高文化水平和阶级觉悟，在培养工人骨干的基础上，建立工人自己的工会团体。党组织同意后，便决定在小沙渡试办工人半日学校，校址设于槟榔路景秀里（今安远路62弄）。这是党创办的第一所工人学校。由李启汉主持办学并任教，教员还有几个来沪准备赴法勤工俭学的进步学生。教科书用的是基督教青年会编的普通识字课本。

学校成立后，尽管是免费的，但来参加学习的工人还是非常的少。据了解，原因是工人每天的劳动时间长、强度大，一天下来，非常的疲劳，再无精力去读书学习了，只想参加一些文娱活动放松一下。李启汉了解此情况后，立即向党组织提出建议，把工人半日学校改为上海工人游艺会。这一招果然见效，参加的工人一天比一天多。到了1921年春以后，半日学校又重新开学。

1921年中共“一大”后，按中共“一大”通过的“第一个决议”的规定：“工人学校是组织产业工会过程中的一个阶段，所以在一切产业部门均应成立这种学校”“工人学校应逐渐变成工人政党的中心机构”，并对工人学校的办学基本方针确定为“提高工人的觉悟，使他们认识到成立工会的必要”。

小沙渡工人学校旧址（今安远路62弄178至180号）

很快，劳动组合书记部就在半日学校的基础上正式创办了第一工人补习学校，校长为中国劳动组合书记部干事李震瀛，由李启汉、李震瀛和包惠僧等任教师，轮流教课。成立之初，报名入学的工人约有200人。由于工人自办的学校在当时很少，引来《申报》《民国日报》对此进行了报道。为了适应工人的日夜班，学校也分为日夜两班授课，每日上午7时至9时针对夜班工人教学，下午7时至9时针对日班工人教学。

为了解除工人的疲劳、增加团结，下课时，老师和学生一起听留声机播放的音乐、踢足球。授课时，教学又极具启发性。举例说，他们在教工人认识“天”这个字时，就把“天”拆开，拆成“工人”两个字，他们告诉工人，因为工人是顶天立地的人，所以“天”字就是这么写的。通过这些贴近生活的教学方式，将深奥的理论传播给工人，在工人群体中产生了较大的反响。

1922年7月，中国劳动组合书记部被租界当局封闭，上海第一个工人补习学校被迫停办，但小沙渡的工人补习学校却没有因此消失。当年秋天，中国社会主义青年团上海地委在小沙渡开办了两处工人补习班。日资纱厂工人孙良惠在那里加入中国社会主义青年团，不久转为中共党员，成为上海纺织工人中第一个中国共产党党员。

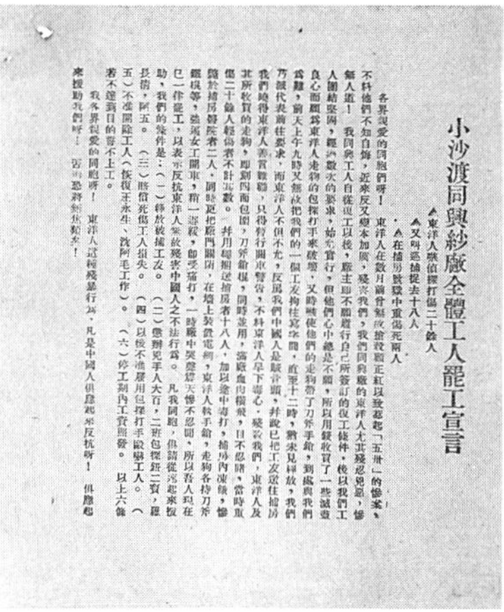
小沙渡同興紗廠全體工人罷工宣言
▲東洋人硃偵探打傷二十餘人
▲又叫巡捕捉去十八人
▲在捕房監獄中重傷死兩人
各界親愛的同胞們呀！

小沙渡同兴纱厂全体工人罢工宣言

1924年9月1日，邓中夏、李立三等根据中共中央的指示，参照长辛店和安源工人俱乐部的经验，在沪西工人补习学校的基础上建立沪西工友俱乐部，不仅培养了顾正红等一批工人运动的中坚分子，小沙渡第一个党组织和第一个地区党支部——中共沪西党支部也从中诞生。小沙渡由此也成为我党开展工人运动的重要阵地之一。

（宣教部主任、馆员　杨宇）

# 党领导的第一个工会——上海机器工会

党领导的第一个纯系工人组成、真正代表工人利益的新型工会——上海机器工会，是由江南造船厂的锻工李中和杨树浦电灯厂的钳工陈文焕首先发起的。

李中，原名李声澥，湖南湘乡人，在湖南省立第一师范学校读书时曾和蔡和森、毛泽东同学。在校期间他协助毛泽东领导“一师”学友会，积极参加学友会举办的工人夜校的工作，取得联系工人的初步经验，并同工人阶级建立了最初的感情。1918年夏，李中从湖南省立第一师范学校毕业后不久，就随原“一师”数学教师李孝仪到上海，在一家古董玩器店帮工。1920年年初，陈独秀从北京来上海，新青年杂志社也随之迁来。《新青年》在上海扩大发行后，李中不仅成了这个刊物的热心读者，而且极力追随该刊主笔陈独秀。他想方设法打听到陈独秀的寓所地址，经常秘密地前去拜访。在陈独秀的影响下，李中不仅接受了更多的革命思想，而且成了一名热心工人运动的进步的知识分子。当时江南造船厂拥有3000多工人，因该厂系清朝曾国藩和李鸿章所建，来自曾国藩的湖南湘乡籍的工人最多，李中在这里可以

李　中

找到不少同乡工友。于是，他离开古董玩器商店，把原名“李声澥”改为“李中”，进了江南造船厂。在厂里他一面当锻工，以打铁为生，一面通过同乡工友广泛联络工人群众。李中的活动得到了陈独秀的称赞和重视。1920年8月，上海社会主义青年团正式成立后，李中与任弼时、罗亦农、李启汉、邵力子、沈雁冰等第一批加入了社会主义青年团。接着李中受党委托，立即在江南造船厂发起组织机器工会。李中和陈文焕本不认识，因他们都是《劳动界》的热心读者，并积极为该刊投稿，两人通过各自发表的文章，思想认识十分接近，由此建立了通信联系。1920年9月18日，陈文焕在给李中的信中说:“现在你想发起一个‘机器工会’，这是我很赞成的，因为我们中国现在所有的公所，都是店东把持的，所有的工会，也都是政客假托的，我们真正的劳动节，实在是挂了一块‘有名无实’的招牌呵！现在你与陈独秀先生订了‘机器工会’章程，谢谢你，不晓得，你肯给我一份吗？”李中根据陈文焕的要求，立即将自己与陈独秀所订的《机器工会章程》寄了一份给他。陈文焕根据这份章程，在杨树浦灯泡厂积极开展筹建工会的活动。以后两人又相约在灯泡厂会面了一次，具体交换了意见，并决定正式发起组织机器工会。

上海机器工会临时会所遗址（今西门路225号）

1920年10月3日下午五时到七时，上海机器工会在霞飞路渔阳里（今淮海中路567弄）6号召开发起会。到会的除江南造船厂、杨树浦灯泡厂、厚生铁厂、东阳纱厂、恒丰纱厂等发起人80名外，陈独秀、杨明斋、李汉俊、王平、吴溶沧等6人以参观者身份出席了会议。这次会议由筹备会书记李中任会议临时主席，他在会上报告了机器工会的筹备经过；提出了机器工会的宗旨：“无非谋本会会员的利益，除本会会员的痛苦。但要办到此宗旨，甚不容易。大端第一莫使本会逐渐变了资本家的工会，第二莫使本会逐渐变了同乡工会，第三莫使本会逐渐变了政客和流氓的工会，第四莫使本会逐渐变了不纯粹的机器工会，第五莫使本会逐渐变了挂空牌的工会。这五种工会，都可损失信仰和名誉，妨碍将来的工人组合。”会上陈独秀、杨明斋、李汉俊、李启汉、王平、吴溶沧6人被“欢迎为名誉会员”。杨明斋和陈独秀还先后在会上发表了热情的演说。陈独秀说：“发起上海机器工会，算得是一个很好的事”“希望到了来年今日，就有几千人或者几万人的会员”。会议还讨论通过了《机器工会章程》，这个章程分六章三十二条，它是党领导下制定的最早的工会组织章程。会议最后决定在杨树浦设立办事机构——事务所，并决定为减少工人的工钱和日用费等，全体会不开，只开成立大会一次，以通函形式选举产生理事会。在领导机构正式成立前暂设经募处，推选陈独秀为主任，李杰、陈文焕、吕树仁、陆征章和李中为办事员。

发起大会后不久，机器工会理事会正式选举产生。“理事选定四人。由四人中推出各科理事，书记理事吕树仁，调查理事朱鹤琴，会计理事陈文焕，庶务理事李中。交际理事由理事会聘请李杰，编辑科办事员由理事会聘请王平。”理事会决定“暂设本会事务所筹备处于法租界西门路泰康里四十一号，如本会会员报告及询问等件，可向该处接洽。”经过两个多月的积极筹备，上海机器工会于11月21日下午三时，在白克路（今凤阳路）207号上海公学召开成立大会。参加大会的有本会会员、各工会代表及来宾近千人。孙中山、陈独秀等社会知名人士亲自到会祝贺，会场气氛热烈，盛况空前。李中担任大会主席，他首先简要报告了机器工会成立经过，接着孙中山、陈独秀讲话。“中山先生演说有两小时之久，详述机器与资本势力之关系，而归宿于三民主义。略谓我人欲贯彻民生主义，非在官僚手中夺回民权不可。否则我国徒用一专制制度变相之民国号耳。陈独秀谓工人团体，须完全工人组织，万勿容资本家厕身其间，不然仅一资本家式的假工会而已。”机器工会从发起到召开成立大会的两个多月里，要求入会的机器工人十分踊跃，会员从几十人很快发展到370人，并出版了刊物《机器工人》。

上海机器工会成立后，在党的领导下，为了扩大影响，进一步推动工人运动的发展，开展了各方面的联络工作。1920年12月2日下午六时，上海机器工会理事会邀请本市工界领袖，在复兴公园举行聚餐会。理事长陈文焕首先欢迎兄弟工会和各界来宾，并报告了机器工会的筹建情况和宗旨。席间工界人士热情致辞，希望机器工会“蒸蒸日上”成为“工界明星”。最后，李中请各厂领袖作机器工会的名誉会员，并送给名誉会员证书。1921年4月21日，在迎接“五一”国际劳动节到来时，上海机器工人还专门给天津机器工人发了一封信。信中就机器工人今后如何向雇主积极图谋待遇的改善提出了具体意见，和天津机器工人一起交换意见和讨论，作为开创“同业联合的一个小小的纪念”。信中还希望天津机器工人也能和上海、北京一样联合起来，组织机器工会，指出“组织愈扩大，愈精密，劳（势）力自然愈雄厚”。上海机器工会通过与市内外各界工人代表的聚会、通信联系等活动，加强了工人阶级之间的团结，扩大了党在工人中的宣传和组织工作。

上海机器工会的建立，在社会各界中，特别在工人中引起了较大反响，使上海工人运动面貌为之一新。上海机器工会成立不久，1920年12月上海印刷工会很快就建立起来了。上海印刷工会章程大致和机器工会相同。拥有会员1346人，并出版了工人刊物《友世画报》。上海机器工会的建立甚至还引起了国外工人组织的关注。

1920年12月14日，美国最大的工会组织世界工人劳动联合会执行部总干事罗·布朗(Roy Brown)专门给上海机器工会来了信。信的全文如下：“中国上海机器工会工人朋友们！我们从在美国的中国工人朋友们中，听到你们竭力组织和教育你们国里的工人，我们因此希望你们的成功，而且希望表示国际上的同情心。”中国劳动界的团体虽然不少，但和外国劳动界联络，要算这是破天荒第一遭，由此可见上海机器工会在当时国内外劳动界中的地位和影响。

党领导的第一个工会组织——上海机器工会，是根据发起组负责人提出“组织真的工人团体”的原则建立的，它是中国工人运动史上的一件大事。它标志着上海共产党早期组织在领导工人运动方面，由宣传教育阶段进入有计划地组织工人的阶段，在工人运动的历史上写下了光辉的一页。

（馆长、研究馆员　倪兴祥）

# 设在中共一大会址内的新时代丛书社

1921年7月23日，中国共产党第一次全国代表大会在上海法租界望志路106号（今兴业路76号）开幕。会址设于李书城、李汉俊的寓所，来自全国的13名国内代表和2名共产国际代表参加了这次会议。

7月30日晚，会议正在进行，有一个陌生的男子从后门闯进来，他说自己要找人，可又慌忙离开了。各位代表觉得此人很可疑，有长期地下工作经验的马林断定他一定是密探，建议会议立即停止，大家就从会场撤离了。只留下了房子主人李汉俊和广州代表陈公博。

一大会址之所以被密探盯上，是由于马林长期从事革命，其实入境时已经受到监视。马林事后向共产国际执行局报告："在维也纳，当我领取去中国的签证时，我遭到拘捕。六天之后，在弗里德里希·阿德勒和一位律师的帮助下获释，并被驱逐出境。维也纳警察局将我的护照交给了当地外事局。结果向我打算去的国家一律作了通知……这一措施迫使我在到达上海之后立刻做了登记，完全以公开身份进行活动。"马林在1921年6月抵达上海，先进南京路的饭店，接着住麦根路（今石门二路）的公寓，而上海租界当局对他的行踪了如指掌。

果然不出所料，大家撤出会场十多分钟之后，法租界巡捕房的巡捕便来到李汉俊家。法租界巡捕质问李汉俊："刚才你们在开什么会？"李汉俊用熟练的法语流利应对，说是北大几个教授在这里

新时代丛书社通信处（今兴业路108号）

商量编辑“新时代丛书”的问题，不是开会。巡捕们上下搜查一通，最终一无所获，只能悻悻而归。侥幸的是当时一份党纲其实就放在李书城写字台抽屉内，竟没被发现。原来，筹备党的一大期间，为了方便出入和确保安全，在此先设立了公开的新时代丛书社的通信处，这使李汉俊得以用出版机构召集作者商议为由应对巡捕质疑。既然是出版机构，出出进进的人自然不会少，编辑和作者坐在一起谈出版方面的事更是顺理成章，巡捕们觉得没借口深究，只好不了了之。中共一大也才能转移到嘉兴南湖游船上继续进行，中国共产党才能在那时诞生。

时代丛书社的发起者为李大钊、陈独秀、李达、李汉俊、邵力子、周建人、沈雁冰、夏丏尊、陈望道、经亨颐等15人，其中多为共产党早期组织成员。1921年6月24日，上海《民国日报》《觉悟》副刊曾登载《“新时代丛书”编辑缘起》，宣称：“起意编辑这个丛书，不外以下三层意思”，其一就是“想普及新文化运动”，一个社会里大多数人民连常识都不曾具备的时候，高深学问便有了贵族化的危险，因此新文化应该先求普及。其二为“为有志研究高深些学问的人们供给下手的途径”。上一步说的是普及，这一步说的就是提高了。其三就是“节省读书界的时间与经济”，希望能够帮助一般读者只费最短的时间和最少的代价，取得较高的常识和各学科的门径。

“新时代丛书”以“增进国人普通知识为宗旨”，内容包括文艺、科学、哲学、社会问题，及其他日常生活所不可缺乏的知识。新时代丛书社是与党组织关系密切的出版机构，它根据当时革命形势和群众的需要，从1922年1月至1923年12月，先后出版了9种书籍，它们是《女性中心说》《社会主义与进化论》《马克思主义和达尔文主义》《马克思学说概要》《遗传论》《产儿限制论》《进化》《妇人和社会主义》《儿童教育》。这些书籍通过阐述人类社会的发展史，揭示了社会发展的原因、动力和必然性，用辩证唯物主义的观点初步将马克思主义哲学较为全面地介绍给了大家。这些书籍一版再版，甚至三版，深受广大读者欢迎。

新时代丛书第一种四种书名：《女性中心说》《马克思学说概要》《社会主义与进化论》《马克思主义和达尔文主义》。

新时代丛书社通信处为上海贝勒路树德里108号（即望志路108号后门弄堂门牌），它与望志路106号的后天井相通，同为李书城、李汉俊寓所。所以也可以说它是设在一大会址内的。后来，由于李汉俊同陈独秀、张国焘政见不 ，于1922年春离开了上海。“新时代丛书”就由中共上海地方党组织成员沈雁冰负责出版工作，社通信处也移至上海宝山路商务印书馆编译所沈雁冰那儿。

由此可见，中共一大会址不仅是中国共产党诞生地，而且曾是李汉俊等编辑马克思主义丛书的地方。

（宣教部讲解员、助理馆员　杨雨婷）

# 党领导的第一个工人总机关

## ——记中国劳动组合书记部

1921年8月中旬的一天，上海公共租界北成都路19号(现在的成都北路899号)的门前挂出了一块木牌，上面写着“中国劳动组合书记部”九个大字。从此，经常有附近工厂的工人利用业余时间，在这里阅读书籍和报刊。一些过路行人看到这种情景，心中疑惑不解：这是个什么场所呢？

事情得从上个月说起。7月23日，中国共产党第一次全国代表大会在上海法租界的一所普通的住宅召开，会议宣告中国共产党正式成立，并通过了中国共产党第一个决议，确定党成立后的中心

中国劳动组合书记部旧址

任务是组织工人阶级，领导工人运动。“决议” 指出，“本党的基本任务是成立工会”，把工人组织起来。当时中国共产党处于秘密状态，党的一大闭幕后，为了贯彻党的决议，广泛地开展全国工人运动，需要有一个公开的中央机构从事这项工作。8月11日，这个机构建立了，根据共产国际代表马林的意见，名称就叫 “中国劳动组合书记部”，以合法组织的名义进行活动。

中国劳动组合书记部设在一幢两层楼石库门房子内，对外公开挂牌。书记部下设北京、武汉、湖南、广州、济南等分部，分部首任主任有邓中夏、罗章龙、包惠僧、毛泽东、谭平山、王尽美等。中国劳动组合书记部在成立时发表宣言，指出：“书记部是一个要把各个劳动组合都联合起来的总机关”，其任务是 “向劳动者宣传组合之必要，要联合或改组已成立的劳动团体，使劳动者有阶级的自觉，并要建立中国工人们与外国工人们的密切联系”。

劳动组合书记部的总部设在上海，在其他有党组织的城市陆续建立了分部，负责领导各地的工人运动。总部主任最初是张国焘，但他并不深入工厂车间，只在 “办公桌上搞工人运动”，没起什

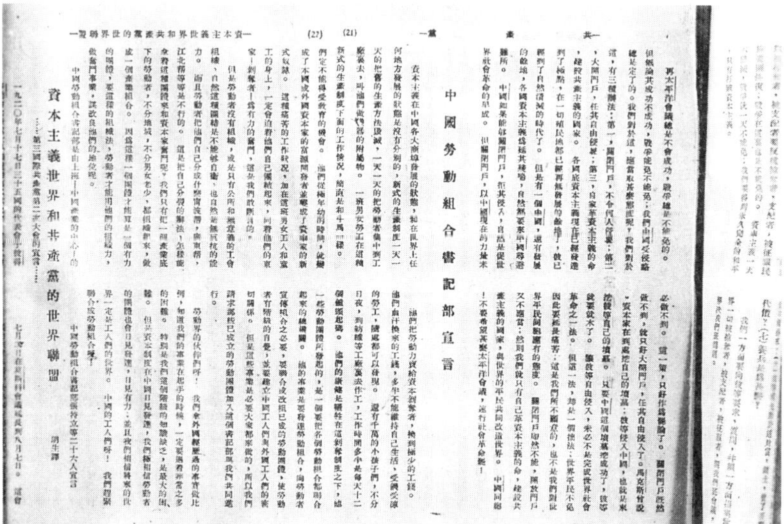
中國勞動組合書記部宣言

資本主義在中國各大商埠發展的狀態，和在世界上任何地方發展的狀態是沒有分別的，新式的生產制度一天一天的把舊的生產方法撲滅，一天一天的把勞動者集中到工廠裏去，叫他們做機器的附屬物。一班男女勞工在這種新式的生產制度下面的工作情況，簡直是和牛馬一樣。他們把勞動力賣給資本剝奪者，換到極少的工錢。他們血汗換來的工錢，多半不能維持自己生活，受餓受凍的勞工，隨處都可以發現。還有千萬的小孩子們，不分日夜，到紡織等工廠裏去作工，工作時間多半是每天十二個鐘頭起碼。他們的筋骨是犧牲在這剝奪制度之下，他們定不能得受教育的機會。他們從極年幼的時候，就變成了本國或外國資本家的富源開發者並變成了資本家的新式奴隸。這種痛苦的工作狀況，加在這班男女工人和童工的身上，一定會迫着他們自己團結起來，向着他們的東家—剝奪者—爲有力的奮鬥，這是我們敢斷言的。

但是勞動者沒有組織，或是只有公所和幫會等的工會組織，自然這種團結是不能夠自衛，也自然是無抵抗的能力。而且勞動者把他們自己分成什麼甯波幫，廣東幫，江北幫等等是不行的。這是把自己分裂的辦法，怎樣能合着這種團體要和資本家奮鬥呢？我們只有把一種產業底下的勞動者，不分地域，不分男女老少，都組織起來，做成一個產業組合。因爲這樣一個團體才能算是一個有力的團體，要這樣的組織法，勞動者才能用他們的組織力，做奮鬥事業，謀改良他們的地位呢。

中國勞動組合書記部是由上海—中國產業的中心—的一些勞動團體所發起的，是一個要把各個勞動組合都聯合起來的總機關。他的事業是要發達勞動組合，向勞動者宣傳組合之必要，要聯合或改組已成的勞動團體，使勞動者有階級的自覺，並要建立中國工人們與外國工人們的密切關係。但是這些事業是必要大家都來做的，所以我們請求那些已成立的勞動團體加入這個書記部，與我們共同進行。

勞動界的伙伴們呀！我們拿外國經歷的事實做比例，知道我們的事業在起手的時候，一定要遇着非常之多的困難。特別是我們這個階級的知識缺乏，是最大的困難。但是資本制度在中國日見發達，日見有力；並且我們相信將來的世界一定是工人們的世界。中國的工人們呀！我們趕緊聯合成勞動組合罷！

中國勞動組合書記部張特立等二十六人宣言

資本主義世界和共產黨的世界聯盟

……第三國際共產黨第二次大會的宣言……

明生譯

一九二〇年七月十七日二十五國的代表會于俄羅……七月廿日在莫斯科會議延長到八月七日。這會

中国劳动组合书记部宣言

么实际作用。10月中旬，他去苏俄参加一个国际会议，书记部总部的工作就由李启汉主持。先后在总部工作过的还有包惠僧、李震瀛、董锄平、许白昊等人。中国劳动组合书记部及各分部成立后，即投入了繁忙的宣传教育和组织工作，出版《劳动周刊》、举办工人补习学校、组建工人俱乐部、成立产业工会等。在中国劳动组合书记部总部及其分部卓有成效的领导下，全国各地工人夜校、工会组织纷纷建立，工人阶级的觉悟显著提高，一批工人运动的骨干力量不断成长。所有这些就像潮讯一样，预示着中国工人运动的第一次高潮即将到来。

为加强对工人运动的领导，由书记部发起，于1922年5月1日至6日，在广州召开了全国第一次劳动大会，出席代表162人，代表百余个产业工会的30万会员。大会通过了《在中国全国总工会成立之前，中国劳动组合书记部为全国总通讯机关》案，公认书记部在全国工人运动中的领导地位。在提高工人觉悟和建立产业工会的基础上，有组织地开展了反对帝国主义、封建军阀和资本家三重压迫的罢工斗争。全国劳动大会前夜，以1922年1月香港海员罢工为起点，1923年2月京汉铁路工人罢工为终点，掀起了中国工人运动的第一个高潮。在13个月的时间里，全国发生罢工100余次，参加人数在30万以上；上海罢工54次，人数8万以上。其中著名的罢工有香港海员、安源路矿工人、开滦煤矿工人、京汉铁路工人四次大罢工，这些罢工都是在书记部直接领导或支援下进行的。

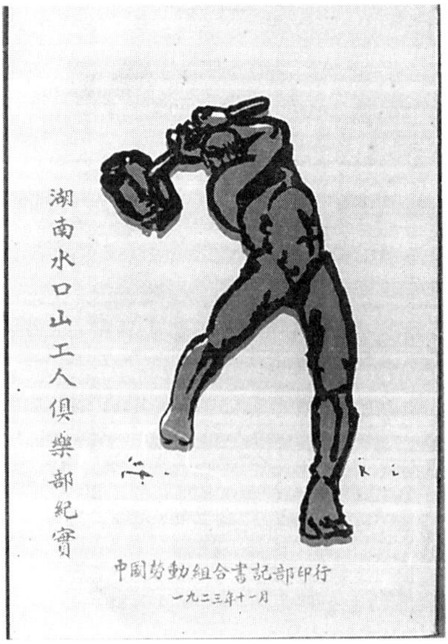

中国劳动组合书记部编印的书籍

书记部支援和领导罢工斗

争，尤其是香港海员后援会的活动，使英租界当局十分恐惧，便采取各种手段进行阻挠和破坏。他们察觉到这个极有组织的罢工司令部无疑地设在北成都路19号C的劳动组合书记部内，于是1922年6月以“扰乱治安”等罪名逮捕了被工人誉为工运“健将”和“先锋”的李启汉。7月17日又封闭了总部办事处，其成员遭通缉。当时，北京尚可公开活动，总部迁往北京，邓中夏任总部主任，上海变为分部。北京总部成立后，联合各分部开展了劳动立法运动，以争取工人阶级的政治自由。同时，继续派出特派员深入重点工矿企业，参与罢工的组织领导。如毛泽东、刘少奇到安源路矿，彭礼和去开滦煤矿，罗章龙、林育南等深入京汉铁路沿线等。1925年5月在广州召开了全国第二次劳动大会，会上选出以林伟民为委员长、刘少奇为副委员长的领导机构。中华全国总工会正式成立，中国劳动组合书记部已完成历史任务而宣告撤销。书记部从成立到结束的三年零九个月里，为工人阶级的解放事业做出了不朽的贡献，在中国工运史上谱写下壮丽诗篇。

（宣教部讲解员、助理馆员　张洁）

# 党领导的第一个妇女学校——平民女学校

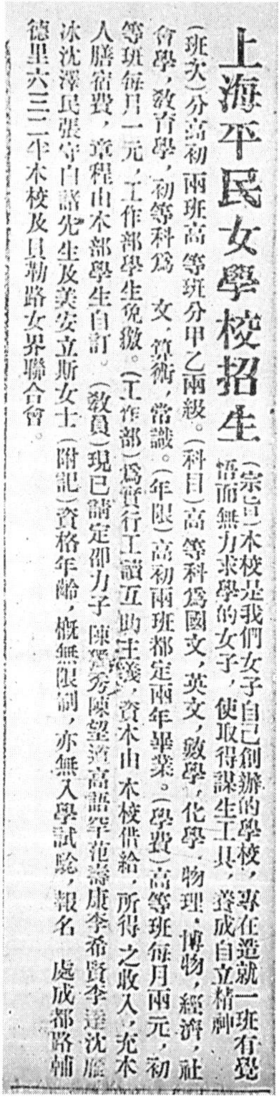

上海平民女學校招生

(宗旨)本校是我們女子自己創辦的學校，專在造就一班有覺悟而無力求學的女子，使取得謀生工具，養成自立精神(班次)分高初兩班高等班分甲乙兩級。(科目)高等科爲國文，英文，數學，化學，物理，博物，經濟，社會學，教育學，初等科爲 文，算術，常識。(年限)高初兩班都定兩年畢業。(學費)高等班每月兩元，初等班每月一元，工作部學生免繳。(工作部)爲實行工讀互助主義，資本由本校供給，所得之收入，充本人膳宿費，章程由本部學生自訂。(教員)現已請定邵力子陳獨秀陳望道高語罕范壽康李希賢李達沈雁冰沈澤民張守白諸先生及美安立斯女士(附記)資格年齡，概無限制，亦無入學試驗，報名處成都路輔德里六三二A本校及貝勒路女界聯合會。

平民女校招生广告

五四运动后，中国妇女解放运动兴起，女性渐渐觉醒，许多不愿受封建传统礼制的束缚、不满父母之命包办婚姻的妇女，以及受五四运动和新文化运动熏陶的进步女青年，纷纷汇聚到新文化运动的中心——上海，希望能进学校继续学习或谋求独立生活的技能。

1921年7月，中国共产党成立。党成立后急需培养各方面干部以开展工作。同年10月，陈独秀与李达商议在上海创办女校，以培养妇女运动人才。由于当时上海处于帝国主义和北洋军阀统治下，共产党不能公开办学，于是李达和陈独秀便托李达的夫人王会悟与中华女界联合会会长徐宗汉商议能否用中华女界联合会名义成立学校。徐宗汉是同盟会元老黄兴的夫人，与陈独秀、李达都有交往。她对开办平民女校欣然赞同，并且认为这样一来对妇女很有好处，女界联合会的声望也会提高。于是，1922年2月，中国共产党以中华女界联合会名义在成都北路7弄42号和44号(即当时的上海南成都路辅德里632号A)创办了平民女校,这是中国共产党创办的第一个培养妇女干部的学校,由李达任校务主任(即校长),王会悟协助办理学校的行政管理事务。

平民女校旧址(今老成都北路7弄42至44号)

平民女校分设读书部和工作部。读书部内又分初等和高等两个班级。初等班"为年长失学者而设",采用必修制。学生有钱希均、王淑亮、卢亮、张怀德、高玉英等,由王会悟、高君曼教语文,张秋人教英语,柯庆施教算术。高等班学生则补习必要的基本科学知识,采用选修制。学生有王剑虹、王一知、丁玲、高君曼、王会悟等,由陈独秀教社会学,高语罕、邵力子教语文,陈望道教作文,张守白教国语文法,沈雁冰、沈泽民和美籍教员安立斯女士教英文,李达教数学,周昌寿教物理、化学,李希贤教经济学,范寿康教教育学。工作部由王会悟负责,分缝纫、织袜两个组,都是手工操作。学生每天半日做工,半日读书,使她们取得的工资可以维持自

萧三(右一)与丁玲(中)、胡曼的合影

1959年春，钱希钧来沪时踏勘革命遗址平民女校

己的生活，实行工读互助主义。

平民女校的教师大多为共产党员，有很高的学识和造诣，教育方法独特新颖。除此之外，每周还有两个小时的演讲，内容大多是妇女问题和妇女运动问题，这是一般女校中绝无仅有的，极大地拓展了女子的眼界，提升了女性的觉悟。陈独秀、李达、施存统、张太雷、刘少奇以及其他党和团的负责人也都曾到校演讲。

平民女校的学生除了上课、听演讲、做工之外，还在学校的组织下参加了各种革命活动。如1922年3月19日，学生参加了上海工人和各界人士举行的黄爱、庞人铨追悼会，抗议军阀杀害湖南劳工领袖。1922年4月和5月，浦东日华纱厂3000多工人两次举行罢工，施存统、张秋人等人发动平民女校学生向日华纱厂罢工女工进行慰问与宣传，由王会悟带头到工厂去演讲。女校学生还参加了全市学生组织的罢工工人经济后援会，到街上募捐，支援罢工工人，大大地鼓舞了罢工工人的斗志。同时，王会悟还到工人中演讲宣传，并将演讲稿整理成题为《对罢工女工人说的话》，发表在《妇女声》第10期上，赞扬纱厂女工组织了纺织工会，鼓励她们再接再厉，发扬英勇无畏的精神，加强团结，坚持斗争。

1922年秋，李达应毛泽东之邀赴湖南自修大学任教，学校由蔡和森、向警予负责。同年底，平民女校因经费拮据而停办。

平民女校虽然开办的时间不长，但作为党创办和领导的第一个妇女学校，它培养出了许多优秀的妇女干部。平民女校的创办不仅体现了当时妇女同胞敢于挣脱封建礼教的束缚，追求独立、追求自由和真理的精神，更反映了共产党对革命教育事业和妇女解放运动的关怀和重视，因此在中国共产党的工人运动史、妇女运动史和教育史上都留下了珍贵的一页。

王会悟发表在《妇女声》上的《对罢工女工人说的话》

（陈列部馆员 康珏）

中国共产党第一次全国代表大会会址纪念馆

# 第二部分

## 一大代表寻踪

# 李大钊没有出席中共一大的原因

李大钊是中国共产党的主要创始人之一，世称“南陈北李相约建党”的北李。李大钊是北京大学教授，北京大学图书馆主任。1920年4月初的一天，俄共（布）远东局海参崴分局外国处的代表维经斯基及其夫人库兹涅佐娃，翻译杨明斋（山东人，旅俄华侨）等，在北京大学图书馆李大钊的馆长办公室，与李大钊开怀畅谈。

维经斯基在被派遣到中国来之前听说过李大钊的名字，他通过当时正在北京大学任教授的俄共（布）党员柏烈伟结识李大钊。经过交谈，维经斯基才知道李大钊等人不仅对俄国的十月革命十分向往，而且早在几年前已接受并开始宣传马克思主义。1918年，他发表《法俄革命之比较观》，论述1917年俄国十月革命与1789年法国资产阶级革命

李大钊在北京大学图书馆的办公室

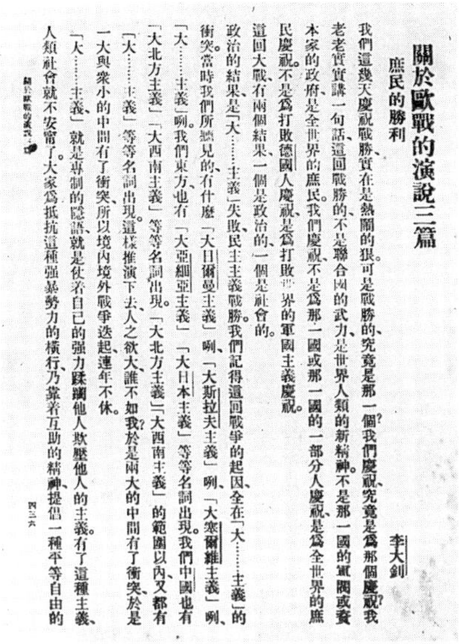

# 關於歐戰的演說三篇

## 庶民的勝利

李大釗

我們這幾天慶祝戰勝、實在是熱鬧的狠。可是戰勝的、究竟是那一個？我們慶祝、究竟是爲那個慶祝？我老老實實講一句話、這回戰勝的、不是聯合國的武力、是世界人類的新精神。不是那一國的軍閥或資本家的政府、是全世界的庶民。我們慶祝、不是爲那一國或那一國的一部分人慶祝、是爲全世界的庶民慶祝。不是爲打敗德國人慶祝、是爲打敗世界的軍國主義慶祝。

這回大戰、有兩個結果、一個是政治的、一個是社會的。

政治的結果是「大……主義」失敗、民主主義戰勝。我們記得這回戰爭的起因、全在「大……主義」的衝突。當時我們所聽見的、有什麼「大日爾曼主義」咧、「大斯拉夫主義」咧、「大塞爾維主義」咧、「大……主義」咧。我們東方也有「大亞細亞主義」「大日本主義」等等名詞出現。我們中國也有「大北方主義」「大西南主義」等等名詞出現。「大北方主義」「大西南主義」的範圍以內、又都有「大……主義」等等名詞出現。這樣推演下去、人之欲大、誰不如我？於是兩大的中間有了衝突、於是一大與衆小的中間有了衝突、所以境內境外戰爭迭起、連年不休。

「大……主義」就是專制的隱語、就是仗着自己的強力蹂躪他人欺壓他人的主義。有了這種主義、人類社會就不安甯了。大家爲抵抗這種強暴勢力的橫行、乃靠着互助的精神、提倡一種平等自由的

關於歐戰的演說三篇　四三六

1918年李大钊发表的《庶民的胜利》

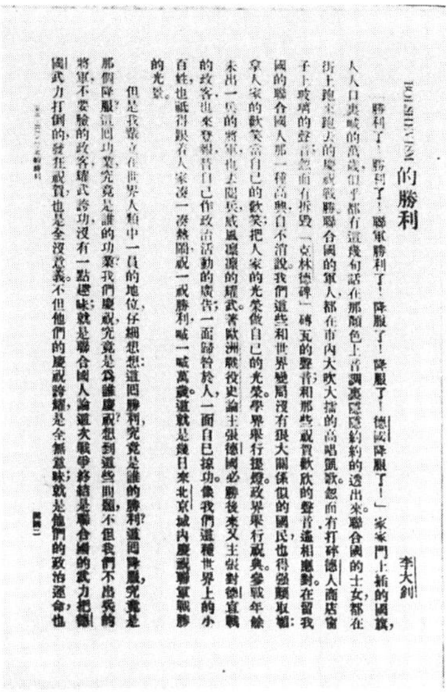

# BOLSHEVISM的勝利

李大釗

「勝利了！勝利了！聯軍勝利了！降服了！降服了！德國降服了！」家家門上插的國旗，人人口裏喊的萬歲，似乎都有這幾句話在那顏色上音調裏隱隱約約的透出來。聯合國的士女，都在街上跑來跑去的慶祝戰勝。聯合國的軍人，都在市內大吹大擂的高唱凱歌。忽而有打碎德人商店窗子上玻璃的聲音，忽而有拆毀「克林德碑」磚瓦的聲音，和那些祝賀歡欣的聲音遙相應對。在留我國的聯合國人那一種高興，自不消說。我們這些和世界變局沒有狠大關係似的國民，也得強顏取媚，拿人家的歡笑當自己的歡笑，把人家的光榮做自己的光榮。學界舉行提燈，政界舉行祝典。參戰年餘未出一兵的將軍，也去閱兵，威風凜凜的耀武。著歐洲戰役史論主張德國必勝後來又主張對德宣戰的政客，也來登報，替自己作政治活動的廣告；一面歸咎於人，一面自己掠功。像我們這種世界上的小百姓，也祇得跟着人家湊一湊熱鬧，祝一祝勝利，喊一喊萬歲。這就是幾日來北京城內慶祝聯軍戰勝的光景。

但是我輩立在世界人類中一員的地位，仔細想想：這回勝利，究竟是誰的勝利？這回降服，究竟是那個降服？這回功業，究竟是誰的功業？我們慶祝，究竟是爲誰慶祝？想到這些問題，不但我們不出兵的將軍，不要臉的政客，耀武誇功，沒有一點趣味；就是聯合國人論這次大戰爭終結是聯合國的武力把德國武力打倒的，發狂祝賀，也是全沒意義。不但他們的慶祝誇耀，是全無意味；就是他們的政治運命，也

1918年11月李大钊发表的《布尔什维主义的胜利》

的本质区别，指出："俄罗斯之革命是20世纪初期之革命，是立于社会主义上之革命。"与法国大革命预示着世界进入资产阶级革命时代一样，俄国十月革命预示着社会主义革命时代的到来，是"世界的新文明之曙光"。他在同一年写的《庶民的胜利》和《布尔什维克主义的胜利》两篇文章中，热烈地赞扬十月革命，指出："无产阶级的社会主义革命是世界历史的潮流。什么皇帝、贵族、军阀、官僚、军国主义、资本主义，遇见这种不可当的潮流，都像枯黄的树叶遇见凛冽的秋风一般，一个一个地飞落在地。"李大钊满怀信心地预言："试看将来的环球，必是赤旗的世界！"1919年10月、11月，李大钊分两期在《新青年》上发表《我的马克思主义观》一文。该文充分肯定马克思主义的历史地位，称其为"世界改造原动的学说"。与以往一些文章对马克思主义所作的片断的、不确切的表述不同，李大钊这篇文章系统地介绍了马克思主义的唯物史观、政治经济学和科学社会主义的基本原理。该文的发表，不但表明李大钊完成了从民主主义者向马克思主义者的转变，而且标志着马

克思主义在中国进入比较系统的传播阶段。从五四运动到中国共产党成立，他所发表的宣传马克思主义和介绍十月革命的文章、讲义、演说在130篇以上，平均6天就发表一篇。1920年经李大钊介绍，维经斯基结识了另一位中国共产党的创始人，同是北京大学教授的，也就是被称为“南陈”的陈独秀。就这样，在维经斯基的热心指导下，经过陈独秀、李大钊等人的共同努力，从1920年下半年至1921年春，上海、北京、广州、武汉、长沙、济南以及日本、法国都建立起了中国共产党的早期组织。1921年年初，维经斯基在返回俄国之前，鉴于中国共产主义运动的发展情况，建议陈独秀和李大钊应迅速将各地的共产主义者组织起来，建立全国统一的中国共产党，然后加入共产国际，以便得到共产国际的指导和全世界无产阶级的帮助，同时使中国共产党成为无产阶级革命力量的一部分。1920年年底，北京党组织召开会议，决定成立“共产党北京支部”，由李大钊任书记，张国焘负责组织工作，罗章龙负责宣传工作。随后，又陆续发展一些党的成员，到1921年7月北京的中共党员有李大钊、张国焘、邓中夏、罗章龙、刘仁静、高君宇、缪伯英、何孟雄、范鸿劼、张太雷、宋介、李梅羹、陈德荣等，他们大多是北京大学的进步师生。1921年6月初，共产国际代表马林和共产国际远东书记处代表尼克尔斯基先后到上海，并与上海共产党早期组织成员李达、李汉俊建立了联系，经过筹备与交谈，一致认为应尽快召开全国代表大会，正式成立中国共产党。李达、李汉俊同当时在广州的陈独秀、在北京的李大钊通过书信交谈后，决定在上海召开中国共产党第一次全国代表大会。随即，他们通知北京的李大钊，派两名代表到上海出席中共一大会议。李大钊当时除任北京大学图书馆主任、教授外，还兼北京国立大专院校教职员代表联席会议代理主席，正在领导八校教职员向北洋政府进行争取教育经费和索取三个月薪资的斗争。当时斗争处于紧张阶段，每两三天召集一次会议。由于工作十分繁忙，他根本无法抽出时间来上海开会，所以派他的学生张国焘、刘仁静出席中共一大。

党史学界关于李大钊为什么未出席一大的原因，除上述工作繁忙外，还有另外几种说法。第一种说法是李大钊正在筹备“少年中国学会”年会，需要留在北京主持这个会，便选派另一个同志参加一大；第二种说法是李大钊在领导北京教职员的“索薪斗争”时被反动军警殴伤住院了；第三种说法是当时出席北京早期组织代表选举会议的人并没有认识到这是一个具有重大历史意义的大会，所以谁也没有去争当这个代表；第四种说法是由于李大钊太忙，北京共产主义早期组织一般习惯于在组织活动中不惊动李大钊，所以没有推选李大钊作为一大代表。

以李大钊为代表的中国最早的马克思主义者热情传播马克思主义，引导信仰共产主义的知识分子，将马克思主义和工人运动相结合，又建立了共产党早期组织，和陈独秀等一起，为中国共产党的创建打下了思想基础和组织基础。

（保管部馆员　苏长安）

# 陈独秀未能出席中共一大的原因

陈独秀是五四运动的伟大旗手，曾任北京大学文科学长，他创办的《新青年》是中国青年最喜爱的杂志之一。1920年初，陈独秀的身边聚集着一批先进的知识分子，他们酝酿着成立马克思主义研究会，以便学习和研究马克思主义，为创立中国共产党准备条件；同时，陈独秀和李大钊约定，两人分别在上海和北京进行创建中国共产党的准备工作。

在共产国际代表维经斯基等的帮助下，陈独秀以马克思主义研究会为基础，加快了建党工作的步伐。1920年6月，他同李汉俊、俞秀松、施存统、陈公培等人开会商议，决定成立共产党组织，并初步定名为"社会共产党"，还起草了党纲。

经过酝酿和准备，1920年8月，中国第一个党的早期组织（即中共上海发起组）就在陈独秀的家中，上海法租界老渔阳里2号（今天的南昌路100弄2号）新青年编辑部正式成立。陈独秀为中共上海发起组书记。中共上海发起组成立后，陈独秀将大量精力投入到将马克思主义与工人运动相结合的工作中。

中共一大会议原定由陈独秀主持，由于陈独秀没有出席，临时选举张国焘为会议执行主席。

那么为何陈独秀未能出席中共一大呢？这还要从1920年10月拥护孙中山的粤军将领陈炯明说起。陈炯明此时率粤军打败了控制广东军政府的桂系军阀，使孙中山得以重新回到广州建立政府。1920年11月，孙中山任命陈炯明为广东省省长兼粤军总司令。陈炯明遂以广东省省长的名义，邀请陈独秀出任广东省教育委员会委员长。陈独秀接到陈炯明的邀请之后，认为广东有光荣的革命传统，他很想借这个机会在那里一面宣传马克思主义、建立广东中共党的组织，一面从事教育改革工作。陈独秀将他的想法写信给李大钊，征求他的意见，李大钊回信表示赞成。1920年12月17日，陈独秀将上海党组织的工作交给李汉俊和李达负责。陈独秀离沪赴粤不久，共产国际代表维经斯基和柏烈伟也一起来到广州。就这样，陈独秀和维经斯基在广州以无产阶级政党的标准对当时由斯托扬诺维奇、别斯林和广州无政府主义组织的共产党早期组织进行改造。陈独秀依靠谭平山、谭植棠、陈公博这几位在北京大学读书时就比较进步的学生来开展广州的建党工作。1921年3月，广州共产党早期组织宣告成立，其成员有陈独秀、谭平山、谭植棠、陈公博以及斯托扬诺维奇、别斯林等人，陈独秀为书记，不久由谭平山继任。陈独秀在广州创建共产党早期组织的过程中，共产国际代表维经斯基给予了多方面的支持和热心的指导。1921年初共产国

谭平山

谭植棠

际代表维经斯基在返回俄国之前，鉴于中国共产主义运动的发展情况，建议陈独秀和李大钊应迅速将各地的共产主义者组织起来，建立全国统一的中国共产党，然后加入共产国际，以得到共产国际的指导，并进而得到全世界无产阶级的帮助，使中国共产党成为无产阶级世界革命力量的一部分。

1921年6月初，马林受共产国际之命来到上海，与先期到达的尼克尔斯基与上海共产党早期组织建立联系后，即向李达等人建议，召集各地的共产党早期组织的代表到上海，成立一个全国性的共产党组织。李达遂写信给各地党组织，要求各派两名代表到上海开会。

当时，陈独秀仍在广州担任广东省教育委员会委员长，同时兼任广州大学预科校长。接到李达的信后，陈独秀考虑到自己正在争取一笔款项修建预科学校的校舍，这一走恐怕款子难以争取到手，便决定派陈公博和包惠僧去上海出席会议。

对于陈独秀没有出席一大的原因，以往学术界主要认为陈独秀由于公务繁忙无法出席大会；后来有学者认为陈独秀是对共产国际包办一大有意见，所以借口工作离不开拒绝出席；也有学者认为根本原因是对一大的不重视。

1921年7月23日，中国共产党成立大会在中国最大的工业中心和工人运动中心上海召开。陈独秀虽然没有出席会议，但是，由于陈独秀在五四运动时期的影响和建党中的作用，大家还是选他做党的第一任领导人——中央局书记。

中国共产党成立的三个月后，即1921年9月中旬，陈独秀辞去广东省教育委员会委员长的职务，回到上海挑起了中共中央局书记的重担。

（保管部馆员　苏长安）

# 中共一大会议召集人李达

李达作为中国共产党的创始人之一，被赞誉为“一位普罗米修斯式的播火者”“伟大的马克思主义启蒙大师”，我国“理论界的鲁迅”。

李　达

1890年10月2日，李达出生于湖南零陵（今永州）的一个普通的农民家庭，字永锡，号鹤鸣。1905年，15岁的李达考取了当地一所颇有名气的学堂——永州中学（今永州一中）。1909

李达故居

年李达中学毕业，在父亲的支持下考入了京师优级师范学堂（今北京师范大学）。1913年，李达以第二名的成绩考取了湖南留日官费生。一年后国内政治形势的变化使得李达等留学日本的官费被取消了。而此时李达又染上了肺病，不得不于1914年辍学回国。三年后，李达再次返回日本，进入日本第一高等学校学习探矿冶金，并立志“实业救国”“科学救国”。可是，国内腐败的军阀势力与日本政府相勾结，大肆出卖国家的主权。为了唤起国人救亡图存的觉悟，1918年5月，李达作为中华留日学生救国团的主要成员回到北京，同爱国学生一道举行反日游行示威活动。不久，李达再次返回日本。这次他放弃了原来的理科专业，专门学习和研究社会主义理论。在一年多的时间里，李达以极大的热情在国内报刊上发表了《什么是社会主义》《社会主义的目的》《陈独秀与新思想》《女子解放论》等文章，并翻译了有关马克思主义哲学和经济学方面的著作《唯物史观解说》《社会问题总览》《马克思经济学》等。

1920年8月，李达抱着“回国寻找同志干社会革命”的目的，离开日本回到上海。在陈独秀的邀请下，李达参与了中国共产党上海早期组织的筹备工作，并参与编辑《新青年》，创办《共产党》月刊。年底，陈独秀去广州，后与上海共产党早期组织代理书记李汉俊在建党的组织原则问题上发生了争论。陈独秀主张实行中央集权制，而李汉俊主张地方分权制，两人通过信件往来展开了激烈的辩论。李达为了防止因争论而发生分裂，竭力在二人之间劝说。后来，尽管李汉俊答应休战，但怎么也想不通，不愿再当代理书记，还把党的名册和文件统统交给李达，非要让他做代理书记。陈独秀不在上海，李达只好勉为其难，担负起上海共产党早期组织代理书记的职务。

正当李达等在为早期党组织的事业忙碌的时候，共产国际代表马林和尼克尔斯基先后来到上海，与李达、李汉俊取得了联系。经过几次交谈，他们一致认为应尽快召开全国代表大会，正式成立中国共产党。李达、李汉俊同“南陈北李”商议，决定在上海召开中国共产党第一次全国代表大会。随即，他们利用书信通知北京、武汉、长沙、济南、广州和旅日的党组织，各派两名代表到上海出席会议。考虑到各地代表来上海路途遥远，经费困难，还从马林带来的活动经费中，给每位代表寄出100元路费。

会址的选定和外地代表的住宿等会务工作都是由李达负责的。开会前夕，李达为选择会场伤透脑筋。李达的夫人王会悟想到了李汉俊的哥哥李书城在外地，可以借用贝勒路树德里李公馆开会。于是她和李达将这一想法告诉了李汉俊，李汉俊也正有此考虑。鉴于王会悟对上海比较熟悉，李达将与会代表的住宿问题也交由王会悟负责。王会悟考虑到离李公馆不远的博文女校作为代表们的住宿地较为便利，而且正值暑假，师生均已离校。于是她便找到了博文女校校长黄绍兰。黄绍兰是湖北省蕲春县人，毕业于京师女子师范学堂。辛亥革命后，投笔从戎，曾在黄兴手下工作过一段时间。1916年春，在黄炎培等教育界知名人士支持下创办了博文女校，并聘请黄兴夫人徐宗汉为校董事长。1919年，王会悟经上海学联介绍，由徐宗汉安排到上海女界联合会做文秘工作。黄绍兰在听闻北京大学暑期旅行团要借女校住宿时，一口答应下来。因为人数不多，就只租了女校楼上的三间房。王会悟还买了几张芦席，以方便与会代表打地铺用。在李达夫妇的精心安排下，毛泽东、何叔衡、董必武、陈潭秋、王尽美、邓恩铭、包惠僧、刘仁静和周佛海9名与会代表住在博文女校。

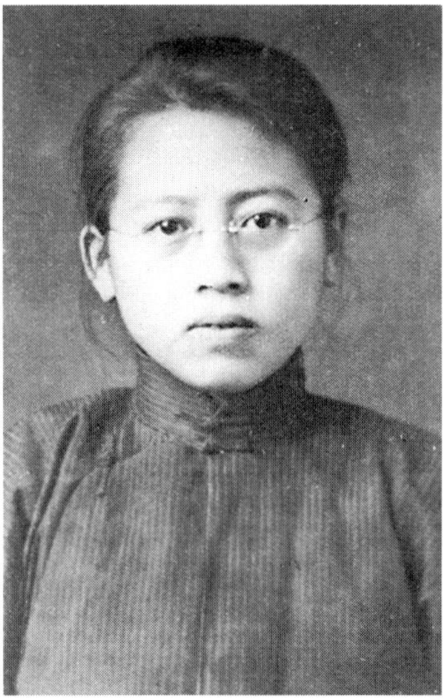

王会悟

1921年7月23日，中国共产党第一次全国代表大会在兴业路76号（原望志路106号）开幕，7月24日举行了第二次会议，李达代表上海发起组介绍了自成立以来的工作情况。7月25日、26日休会，由张国焘、李达、董必武起草供会议讨论的党纲和今后实际工作计划。7月27日、28日和29日连续举行三次会议，对党的纲领和决议草案进行了较为详尽的讨论。7月30日晚，代表们正在开会时，一名陌生男子突然闯入会场，环视会场后匆忙离去。具有丰富地下斗争工作经验的马林断定此人是“包打听”，建议会议马上终止。代表们迅速离开会场，仅留下陈公博和李汉俊。十几分钟后，法租界巡捕将会场包围并搜查，结果一无所获。当晚12时过后，部分代表集聚到李达的住处，商讨如何继续开会。王会悟提议到浙江嘉兴南湖续会，这一建议得到大家一致认可。嘉兴是王会悟曾经读书的地方，对那里十分熟悉。于是，代表们分批转移到嘉兴南湖，在一艘游船上召开了最后一次会议。南湖会议通过了中国共产党第一个纲领和决议，确定党的名称为“中国共产党”；选举了由陈独秀、李达、张国焘组成的中央局。李达是上海发起组的代理书记，曾著译过大量介绍马克思主义的文章，被推选负责宣传工作；张国焘因主持召开中共一大，是五四运动中站在前台的重要人物之一，擅长社会活动，被推选负责组织工作；陈独秀是新文化运动的发起者和新文化运动的领袖，在当时有着

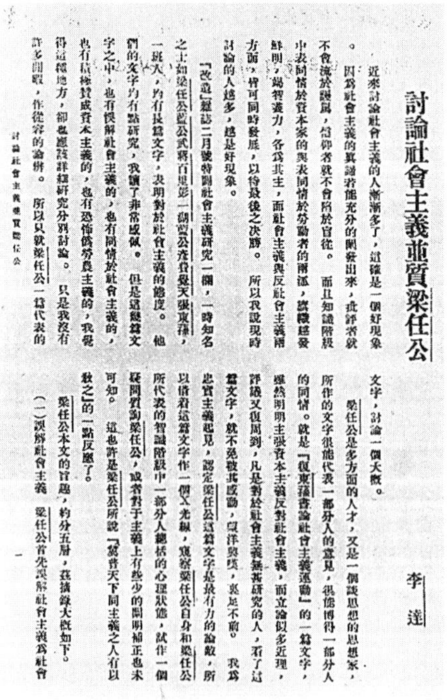
討論社會主義並質梁任公

李達

近來討論社會主義的人漸漸多了，這確是一個好現象。因爲社會主義的眞諦若能充分的闡發出來，批評者就不會流於謾罵，信仰者就不會陷於盲從。而且知識階級中表同情於資本家的與表同情於勞動者的兩派，旗幟越發鮮明，竭智盡力，各爲其主，而社會主義與反社會主義兩方面，皆可同時發展，以待最後之決勝。所以我說現時討論的人越多，越是好現象。

「改造」雜誌二月號特闢社會主義研究一欄，一時知名之士如梁任公藍公武蔣百里彭一湖藍公彥費覺天張東蓀，一班人，均有長篇文字，表明對於社會主義的態度。他們的文字均有點研究，我讀了非常感佩。但是這幾篇文字之中，也有誤解社會主義的，也有同情於社會主義的，也有積極贊成資本主義的，也有恐怖僞勞農主義的，我覺得這種地方，卻也應該詳細研究分別討論。只是我沒有許多閒暇，作從容的論辨。所以只就梁任公一篇代表的文字，討論一個大概。

梁任公是多方面的人才，又是一個談思想的思想家，所作的文字很能代表一部分人的意見，很能博得一部分人的同情。就是「復東蓀書論社會主義運動」的一篇文字，雖然明明主張資本主義反對社會主義，而立論似多近理，評語又復周到，凡是對於社會主義無甚研究的人，看了這篇文字，就不免被其感動，望洋興歎，裹足不前。我爲忠實主義起見，認定梁任公這篇文字是最有力的論敵，所以借着這篇文字作一個X光線，觀察梁任公自身和梁任公所代表的智識階級中一部分人總括的心理狀態，試作一個疑問質詢梁任公，或者對于主義上有些少的闡明補正也未可知。這也許是梁任公所說「冀費天下同主義之人有以教之」的一點反應了。

梁任公本文的旨趣，約分五層，茲摘錄大概如下。

(一)誤解社會主義　梁任公首先誤解社會主義爲社會

討論社會主義並質梁任公　一

李达文章《讨论社会主义并质梁任公》

很高的声望，因此被推举为中央局书记。

中共一大的召开，宣告了中国共产党的成立。党成立后，中央局依据党的一大通过的纲领和决议，领导各地党组织迅速开展各项工作。李达作为宣传工作的负责人，充分发挥特长，参与创办了我党第一所培养妇女干部的学校——平民女校，主持建立了我党第一个出版机构——人民出版社，并主编《新时代》杂志，是中共早期著名的理论家和宣传家。1923年李达因与陈独秀就国共合作问题发生激烈争论，以及“被加上了研究系的头衔”等问题而离开了党组织。此后，他长期从事理论研究和教育工作，始终坚持马克思主义的研究和宣传。1949年12月，经刘少奇介绍，毛泽东和李维汉以及张庆孚等人作历史证明人，党中央批准李达重新成为中共正式党员。

（保管部副主任、馆员　王长流）

# 在一大担任记录员的毛泽东

毛泽东

1921年7月23日，中国共产党第一次全国代表大会在上海召开，一个以马克思列宁主义为指导思想的伟大政党从此诞生。“中国共产党的诞生，是一件开天辟地的大事变”，毛泽东曾这样说过。作为13个代表之一的毛泽东见证了党的诞生，而当年他在会议上担任的身份曾经一度引起热议。到底毛泽东在一大的身份如何？我们的故事先从毛泽东和湖南党早期组织为党的成立所做贡献说起。

1918年4月14日，毛泽东、蔡和森、何叔衡等13人组建了“五四”时期著名革命团体——新民学会。秉承“革新学术，砥砺品行，改良人心风俗”的宗旨，进行革命活动。同年8月，经杨济昌介绍结识李大钊，在北大任助理馆员期间接触了许多进步思潮，并接触了关于马克思主义的书刊。五四运动期间创办主编湖南学生联合会会刊《湘江评论》，连续刊载在第二号和第四号的《民众的大联合》一文，提到了俄国十月革命的胜利及影响，指出民众大联合式改造国家、社会的根本方法，引起了巨大的社会反响。在遭到湖南军阀张敬尧的镇压后，他以新民学会为核心，开展“驱张”运动。

（星期一）　中華民國八年七月廿一日　第一版

湘江評論

The Shiang Kiang Weekly Review

第二號

本報申明

民眾的大聯合

西方大事述評

1919年7月毛泽东在《湘江评论》上发表《民众的大联合》

1920年5月，毛泽东在上海开展“驱张”运动，恰逢此时陈独秀正在上海组建共产党早期组织。期间，毛泽东多次与陈独秀交谈并讨论阅读马克思主义书籍，对他的思想有了极大的影响。“陈独秀谈他自己的信仰那些话，在我的一生中可能是关键性的这个时期，对我产生了深刻印象。”毛泽东曾这样说。在回到长沙后，他与何叔衡等人在湖南积极开展宣传马克思主义和建立湖南长沙共产党早期组织的准备工作。1920年冬，毛泽东、何叔衡、彭璜等人在长沙创办了党的早期组织，同时毛泽东还组建了长沙社会主义青年团。湖南共产党早期组织的成立，为中国共产党的成立，从理论上、思想上和组织上、干部上做了充分准备。毛泽东对中国共产党创立的贡献曾得到李大钊、陈独秀的肯定。

1921年6月3日，共产国际代表马林受列宁和共产国际的派遣抵达上海后，首先与李达、李汉俊等取得了联系。马林建议“及早召开全国代表大会，宣告党的成立”，于是由上海的党组织通知各地党组织，各派代表二人到上海开会。毛泽东在接到会议通知后便即刻做好准备。6月29日下午，他与何叔衡一同登上了小火轮，从长沙出发前往上海。

到上海后，毛泽东与何叔衡等部分外地代表住进了离中共一大会址不远的博文女校。

中共一大召开时，毛泽东担任会议记录工作，并作过一次发言，介绍长沙党组织的情况。在这次会议中，毛泽东并没有引经据典，畅谈马克思主义理论，而是略显沉默寡言。休会期间他常在住的屋子里“走走想想，搔首寻思”，甚至于有的同志经过窗前向他打招呼的时候，他都不曾看到，于是有些同志说他是个“书呆子”。“很能干”“务实”“低调少言，注意听取别人发言”是毛泽东在一大上给人留下的印象。

中共一大会议通过了党的第一个纲领，提出了党的任务是进行无产阶级革命以及采取无产阶级专政，最终实现共产主义。大会还通过了第一个决议，集中力量领导工人运动和开展宣传工作。

大会闭幕后，毛泽东和何叔衡回到长沙，立即落实会后的工作，做好宣传工作以及发展新同志入党；深入工人群众，开展工人运动。1921年10月，中共湖南支部建立，毛泽东担任书记，在湖南各地发展党组织。1922年5月中共湘区执行委员会成立，毛泽

湖南湘潭韶山毛泽东故居

东担任书记兼社会主义青年团长沙执行委员会书记。同时为了加强理论学习，毛泽东和何叔衡创办湖南自修大学，传播马克思主义，影响颇大。另外，为了进一步加强领导工人运动，他更是创办了中国劳动组合书记部湖南分部，并担任分部主任。他深入工人群众，多次发动工人运动，推动建立工会，湖南工人运动迅速走向高潮。1922年11月，湖南省工团联合会成立，他以总干事的身份率领各工会代表进行了一系列斗争，争取工人权利。

党的一大宣告了中国共产党的成立，而毛泽东是中国共产党的创始人之一，在以后的岁月里，毛泽东的名字一直与党的历史连在一起，在他的领导下，中国革命迈开了历史的新步伐。毛泽东最终成为新中国的缔造者。

（宣教部讲解员、助理馆员　马辰）

# 智斗法租界巡捕的一大代表李汉俊

1921年7月23日，正值酷暑时节。傍晚，在上海法租界贝勒路和望志路交叉口一条不为人注意的弄堂里，隔三岔五走进两三位知识分子模样的人，他们的身影都闪进了一幢石库门小楼。一件“开天辟地的大事变”悄然发生，中国共产党第一次全国大会在这里拉开了帷幕。

这幢典型石库门建筑便是上海代表李汉俊和他的哥哥李书城的寓所，当时出席会议的代表有毛泽东、何叔衡、董必武、陈潭秋、王尽美、邓恩铭、李达、李汉俊、包惠僧、张国焘、刘仁静、陈公博、周佛海，共13个人，代表全国50多名党员，另外共产国际代表马林，尼克尔斯基也出席了会议。代表们先后到达了会场，房屋面积并不大，是李汉俊家一楼的客厅，布置简单。

李汉俊

大会从7月23日至29日一直正常举行，但是在30日这天，却发生了一段小插曲，迫使中共一大会议暂停，并转移开会地点。而在这次意外中，李汉俊依靠他的智慧和胆识，智退法租界巡捕，保卫了会议和代表的安全。

中共一大第六次会议在7月30日晚悄悄地召开。共产国际代表马林和尼克尔斯基再次来到了会场（据资料表述，马林、尼克尔斯基未出席第二次至第五次的会议），对前几次会议讨论的各项问题发表自己的意见。谁知刚刚召开不久，一个穿灰色长衫的陌生男人突然从后门闯入，用狡猾的目光扫视着会场的每一个人。

中共一大会址楼上李汉俊的卧室

"你是干什么的？"代表们询问他，陌生人吞吞吐吐地含糊其辞："我找各界联合会的王社长，对不起，我找错地方了。"说完，匆忙转身离去。

当时各界联合会是在李汉俊家附近，但是并没有"王社长"这个人。代表们感到非常奇怪。

"你们是否认识这个人？"共产国际代表马林警觉地问道，代表们纷纷摇头，"我建议终止这次会议，各位分别离开"。马林具有丰富的秘密工作经验，他察觉出了这个陌生人的危险性，于是各位代表接受了他的意见，纷纷撤离会场，只有房子的主人李汉俊和广州代表陈公博留了下来。

果不其然，才刚刚过了一刻钟左右，房外响起了警笛声，只见一个全副武装的法国士兵和其他三个法国侦探凶神恶煞般的闯了进来，他们不由分说，翻箱倒柜地搜查，随后又跟进来两个中国巡捕和三个翻译。他们在李汉俊家仔细搜查了足足一个小时。

搜查过后，法国总巡傲慢地用法语盘问道："谁是这屋子的主人?”“我。”李汉俊从容地回答。“你们知不知道开会要事先上报?你们在开什么会?”“我们只是几个北大教授在谈论编辑丛书的问题,并没有开会。”

总巡恶狠狠地瞪着眼,问道:“为什么这里有那么多关于社会主义的书籍?还有,刚刚那两个外国人是谁?”

李汉俊不慌不忙地回答道:“我身兼商务印书馆编辑,也是一名教员,所以,什么书都要多看看,也作为参考、研究用途。至于那两个外国人,他们只是北京大学的教授,跟随北大师生暑期旅行团来上海探讨学术问题的,在这里聊聊天。”

李汉俊用他的聪明才智和过人的胆识和法国人周旋着,总巡也查不出有力的证据,之后在盘问陈公博时,也没有问出所以然。法国人失望地丢下了一句话:“你们这些个知识分子,以后开会要事先上报,不要有任何的政治企图。今天没有证据,便宜你们了!”说完转身悻悻地离去。

其实在之前搜查的时候,巡捕们曾经搜出一份党纲的草案,但因字迹模糊,涂改得很乱,他们以为是一份无关紧要的碎纸,没有重视。这个插曲所幸有惊无险,代表们逃过了一劫。而李汉俊的家也被法国人安排了密探盯梢,这里再也无法作为中共一大的会场。最后一次的会议后来在李达的夫人王会悟的建议下,转移到了浙江嘉兴南湖上的一条游船上举行。大会胜利闭幕,中国共产党宣告成立了!

李汉俊智斗法国巡捕,坚定而机敏地应敌,不顾个人安危,保证了中共一大各位代表的安全和中共一大的继续召开,体现了他大无畏的革命精神。他是一位出色的共产党人。

(宣教部讲解员、助理馆员　马辰)

# 中共一大会议主持人张国焘

1921年7月23日晚，中国共产党第一次全国代表大会在上海法租界望志路106号（今兴业路76号）召开，会议的主持人即大会主席是来自北京的代表、时年24岁的张国焘。作为一个青年学生，张国焘有什么资格担任大会主席呢？他受到众人肯定的原因是什么？

张国焘，1897年11月14日出生于江西省萍乡市上栗县金山乡山明村。在张国焘祖父一辈，张家已成为当地一个人丁兴旺、理财有方的殷实大户。作为一个封建大家庭的长子，张国焘的性格中既有聪慧上进、思想活跃、处事果断的优点，又有骄傲自满、易走极端、缺乏深思熟虑的缺点。

张国焘

1916年夏，张国焘中学毕业，来到上海备考北京大学。经二叔介绍，他认识了革命党人叶伯衡。张国焘听叶描述了革命党人所过的穷苦而危险的生活，既敬佩其艰苦奋斗的精神，也深为革命的理想主义和豪迈不羁的浪漫色彩所感染。

1916年10月，张国焘考入北京大学，北大成为张国焘从事社会运动的起点，而真正把张国焘推上历史前台的是五四运动。

1919年5月，中国在巴黎和会上外交失败的消息传到国内，北大学生的爱国情绪瞬间被点燃。5月3日晚，北大法科礼堂举行全体学生大会，张国焘作为北大学生代表之一发言。大会决定于5月4日各校齐集天安门举行学界大示威，反对政府在“巴黎和约”上签字。此时的张国焘已经在北大度过了两年多的时间，在此期间，他广泛地涉猎各种报刊，拥护新文化运动，是北大学生中的新派人物。同时他积极参与各种活动，是个活跃分子。他是北京大学国民杂志社的首届总务股干事、北大平民教育讲演团的首批团员，其演讲才能、领导才能在一次次活动中得到锻炼，出色的社会工作能力使他在学生中的威信日高。在5月4日北京各校学生的集会游行中，张国焘也起了核心作用。

五四运动爆发时，张国焘被推举为北京学生联合会讲演部部长。讲演部是各校运动积极分子云集的地方，人数众多，仅北大就有800多人。张国焘把这些人分别组成若干讲演团和讲演小队，到

五四运动纪念地——北京大学红楼

北京城内外街道、火车站以及集镇等地露天讲演，散发及张贴宣传品，宣传抵制日货，揭露北京政府和亲日派。6月2日，张国焘和几位讲演团成员被警察逮捕，此后又有几百位学生被捕。北京政府镇压学生的暴行激起了社会各界的抗议，全国各地掀起反抗斗争，上海爆发了大规模的“三罢”斗争。这一切迫使北京政府释放学生，答允学生的要求。张国焘等人在6月6日被宣布释放后，坚持不出去，直到6月8日警察厅一处长出面向他们道歉后，才答应离开，后被用汽车礼送回校。张国焘像个英雄般的回到北大。他后来作为北京各界联合会代表谒见国务院秘书长郭则云，就对德对日之外交问题递请愿书，又在上海与外交部部长王正廷谈对日外交问题，产生一定的社会影响。

五四运动期间，张国焘主持各种会议、指导内部工作、负责对外联络，虽然紧张疲劳，却得到了一次很好的锻炼机会。同时，张国焘得到了李大钊的关怀和支持，在艰难的斗争环境中，两人结下了不同寻常的师生之谊。其实二人从1918年年底就开始密切往来，在李大钊的引导下，张国焘开始大量阅读介绍马克思主义的书籍，同时他继续参加平民教育讲演团的活动。1920年9月，张国焘由李大钊、张申府发展加入北京共产党早期组织，担负工运工作。1921年1月1日，由张国焘、邓中夏等人筹建的长辛店劳动补习学校开学。张国焘是教员之一，被工人们称为“足智多谋”的“张孔明”，深受工人欢迎。1921年夏，在接到上海方面召开中国共产党全国代表大会的通知后，因李大钊公务繁忙不能前往，北京共产党早期组织一致选小组日常工作的实际组织者张国焘为代表之一。

张国焘先期到达上海后，协助李达、李汉俊进行大会筹备工作，并与共产国际代表马林交换了对工人运动和大会筹备情况的看法。一大召开时，原定的主持人陈独秀因各种原因未能出席，而李达、李汉俊与马林的关系也不融洽，所以在临开会前，代表们推举张国焘主持会议。就这样，张国焘成了中共一大会议的主席。同时张国焘还与李达、董必武等人负责起草党纲和决议草案，为大会的顺利进行做了大量工作。在一大最后一次会议上，张国焘被选举为中央局成员之一，负责党的组织工作。

（研究室馆员　韩晶）

# 年龄最小的一大代表刘仁静

1921年7月23日，中国共产党第一次全国代表大会在上海召开，大会的中心议题是正式建立中国共产党。这是一次年轻的会议，15位出席者的平均年龄只有28岁，最年长的“何胡子”（何叔衡）不过45岁，而我们今天故事的主人公刘仁静只有19岁。毫无疑问，这位当年代表北京共产党早期组织出席会议的北大外语系学生成了年龄最小的中共一大代表。

这位出生于湖北应城，从小就酷爱读书的“少年老夫子”，16岁时就考入了北京大学物理系预科，读书期间因家庭无力支付高额的学费，为了能继续学业，北大的教授胡适、李大钊都给他写过拖欠学费的保单。中国革命历史博物馆内就保存着李大钊亲笔写的一张字条，上面写有“刘仁静同学学费先由我垫。李大钊”。经济上的拮据并未影响刘仁静在学习上的热情，在北大期间他先后在哲学系和外语系学习，并与同学们一道参与了反对帝国主义和封建主义的“五四”爱国运动。即使在一次演讲中被警方逮捕，面对铁窗生活，他也毫不畏惧，连李大钊都夸奖他“小小年纪肯奋斗”。

刘仁静

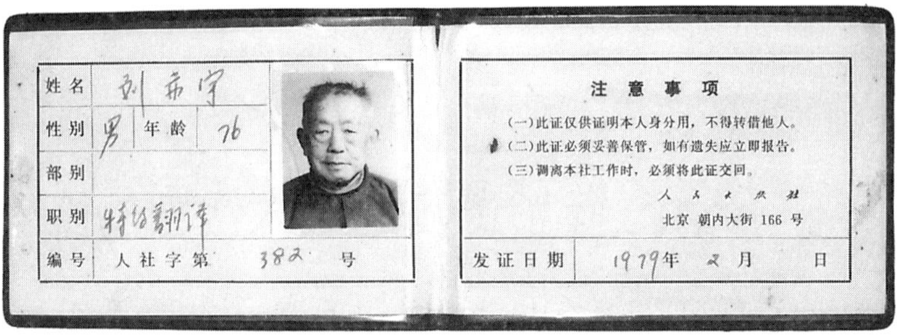
| 姓名 | 刘亦宇 | | |
| --- | --- | --- | --- |
| 性别 | 男 | 年龄 | 76 |
| 部别 | | | |
| 职别 | 特约翻译 | | |
| 编号 | 人社字第 382 号 | | |

注 意 事 项

(一)此证仅供证明本人身分用，不得转借他人。

(二)此证必须妥善保管，如有遗失应立即报告。

(三)调离本社工作时，必须将此证交回。

人民出版社

北京 朝内大街 166 号

发证日期 1979年 2 月 日

刘仁静在人民出版社的工作证

1920年10月，北京共产党早期组织成立后，被人称为“小马克思”的刘仁静以“对马克思主义较有研究”的优势成为北京共产党早期组织成员之一。次年7月，中国共产党在上海召开第一次党的代表大会，刘仁静荣幸地被北京共产党早期组织推选为一大代表并和张国焘一起出席了党的一大会议。因为参加会议的除了全国各地的代表外，还有代表共产国际的马林和代表赤色职工国际的尼克尔斯基，外语熟练的刘仁静担任了翻译，并参与起草了会议的相关文件。

党的一大后，刘仁静回到北京，与邓中夏等在北京大学发起成立了马克思学说研究会，潜心从事马克思主义的研究和宣传。随后他又先后多次赴俄，一次是1922年随同陈独秀出席在莫斯科召开的共产国际“四大”，并在会上发言，也就是在这次会上，刘仁静结识了托洛茨基；另一次是1926年9月他前往国际党校列宁学院学习，此时的苏联党内风云突变，爆发了斯大林与托洛茨基的尖锐斗争，随着托洛茨基被开除党籍，刘仁静在1929年与其短暂交流后，思想上也开始同情并倾向于托洛茨基，并最终成为其最忠实的门徒。

之后的刘仁静磕磕碰碰，浮沉无常。由于他总以见过托洛茨基自居，引起托派组织成员对他的反感，以至被赶出了组织；想和陈独秀合作又遭到陈的拒绝。这样刘仁静竟成了托派中一个游离于各派组织以外的孤家寡人。由于生活所迫，他开始靠卖文翻译维持日常生计，也曾被国民党当局逮捕，关进苏州反省院三年。最后甚至于被国民党当局请去"帮忙"，写一些所谓的"文章"。这位昔日的中共一大代表彼时已迷失了方向。

好在新中国成立后，刘仁静在中国革命胜利的触动下开始反省，在刘少奇等中央领导人的劝说和鼓励之下，他向中央组织部递交了一份材料并承认了错误，组织上也为其安排了工作，先后任命其为人民出版社特约翻译和国务院参事。倘若不是一场飞来横祸——车祸，使他在1987年意外丧生，终年85岁的刘仁静也许会更高寿。

1986年3月，刘仁静在北京寓所留影

纵观刘仁静的一生，从17岁开始，他投身革命的洪流中长达10年，这10年他的生活的格调是红色的，充满了热情；而后他的生活格调是灰色的，从此情绪低落。他成为托洛茨基最忠实的信徒，在国民党的监狱中待了三年；出狱后，为了谋生为国民党写文章；新中国成立后他认错回头，成为国务院参事。这个一生够曲折、够复杂的刘仁静，这个年龄最小的中共一大代表，也终将为历史所铭记。

（宣教部副主任、助理馆员　马玮佳）

# 最年长的一大代表何叔衡

何叔衡

何叔衡，家谱名启睿，字玉衡，号琥璜，学名瞻岵。清末秀才。1876年5月27日出生于湖南省宁乡县一个农民家庭。幼小的何叔衡最大的愿望就是像牛吃草那般吃顿饱饭。父亲就对他说："你长大了像牛一样地做事，一定会吃得饱的。"这句话深深地印入了他的脑海，在以后几十年的人生历程中时刻体现出了"牛"的品格与特性。

1918年4月，他与毛泽东、蔡和森等组建了"五四"时期著名的革命团体——新民学会。五四运动后，他参加了领导驱逐皖系军阀张敬尧运动。1920年8月，何叔衡任湖南全省通俗教育馆馆长并主办《湖南通俗报》。与此同时，他又和毛泽东一起创办文化书社，组织俄罗斯研究会。当时湖南的许多革命青年就是通过文化书社的媒介接触到马克思主义，在俄罗斯研究会的推荐下赴俄学习，并在以后成为党的优秀干部。

1921年6月，毛泽东接到上海共产党早期组织的来函，要求派两名代表前往上海参加第一次全国代表大会。29日，他和何叔衡两人悄悄地离开长沙，来到上海，出席党的一大。谢觉哉在当日的日记中留下了珍贵的记录：“午后六时，叔衡往上海，偕行润之，赴全国ΔΔΔΔΔ之招”。他们到达上海后，以“北大师生暑期旅行团”的名义借宿在博文女校。

中華民國九年十一月六號（星期六）（第一版）
湖南通俗報
第三千零廿五號
講演
世界新聞
國內新聞

《湖南通俗报》

7月23日，中国共产党第一次全国代表大会召开，参加大会的共有13人，何叔衡是其中最年长的代表。会议正式确定党的名称为“中国共产党”，并通过了党纲，选举陈独秀、张国焘、李达组成中央局，陈独秀为书记。

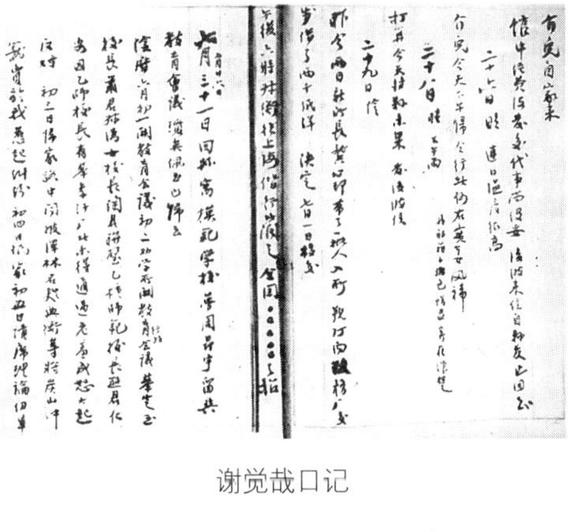

谢觉哉日记

大会闭幕后，何叔衡和毛泽东一起回到长沙开展工作。为了进一步扩大马克思主义的宣传，培养党、团干部，加强党的建设，他们创办了湖南自修大学与湘江中学，由何叔衡亲任校长。学校侧重于培养适合学生个性的、自动自发的学习，且注意培养学生的民族独立思想与革命精神，提倡学习与劳动相结合，为党培养了大批革命骨干。

何叔衡虽然把主要精力放在办学上，但也从没有停止过其他的革命活动。1921年10月，他和毛泽东建立了中共湖南支部和中国劳动组合书记部湖南分部。1921年冬至1922年间，除长沙外，他们在平江、安源、衡阳、岳州等地都发展了党员。同时，他们深入基层，创办工人夜校，组织领导工人运动。1922年9月，党领导了粤汉铁路长（沙）武（汉）段工人罢工，何叔衡前往武汉，加强同湖北党组织的联系，领导湖南、湖北工人的协同作战，使罢工获得了胜利。

党的三大后，何叔衡竭尽全力，积极从事统一战线的工作。他遵照党中央关于共产党员以个人身份加入国民党的指示，在湖南加入了国民党组织。1925年春，国民党湖南省党部成立。何叔衡相继当选为第一届执监委员、第二届监察委员，并先后担任湖南省法院控诉院的陪审员、特别法庭成员等职务，为全省的工农革命运动走向高潮做出了重要贡献。他在工作中始终保持了牛的秉性，认真负责，无私无畏，在群众中享有很高的威望。

1928年6月，何叔衡赴莫斯科中山大学学习，并参加了党的第六次代表大会。1930年7月，他回到上海主持中国互济会的工作，

1919年11月16日新民学会会员合影

负责营救被捕的同志和输送革命者到苏区。1931 年秋，何叔衡到达中央革命根据地的中心瑞金，历任中央工农民主政府执行委员、工农检察部长、内务部代理部长、最高临时法庭主席等职务。在审判工作中，他坚持实事求是，依法办事，抵制了“左”的错误，避免和纠正了许多冤假错案。

1934年10月，中央红军开始长征。年近六旬的何叔衡被留在根据地继续斗争。1935年2月，何叔衡、瞿秋白等从江西瑞金转移到福建长汀四都区琉璃乡小金村，准备由此出发去上海。24日凌晨，不幸被敌匪“义勇队”发现，陷入重围。为了不落敌手，何叔衡跳崖，遭到敌人机枪的疯狂扫射，壮烈牺牲，实践了他生前“我要为苏维埃流尽最后一滴血”的誓言。

（陈列部副研究馆员　马建萍）

# “作始也简，将毕也钜”

## ——董必武与一大的情缘



在创建中国共产党的一大代表中，有一位被称为党内“五老”之一的董必武。他对中国革命道路的认识过程，经历了从最初选择支持孙中山的三民主义，到选择共产主义、走无产阶级革命道路的变化，最终找到了解救中华民族的正确道路。

董必武，湖北省黄安（今红安）人。1905年10月，董必武进入武昌文普通学堂学习。这个学校当时是革命党人活动的重要阵地之一，宋教仁、田桐、查光佛等都是该校学生。董必武与他们来往密切，虽未加入秘密的革命团体，却赞成他们的主张，同情并参加了他们的一些活动。董必武经常去美国教会圣公会附设的阅报室——日知会，思考研究当时繁杂的革命主张。在原革命团体——科学补习所负责人刘静庵的影响下，董必武反对清朝专制统治的民主主义思想逐步发展起来。恰在此时，孙中山在日本成立了同盟会，明确提出“驱除鞑虏，恢复中华，建立民国，平均地权”的资产阶级革命纲领。同盟会的湖北分会以日知会为活动场所。不久，同盟会机关报《民报》在日本创刊，

董必武

以孙中山、章太炎为代表的革命派同康有为、梁启超为代表的改良派，在《民报》上展开激烈的论战。董必武认真研究了两派的纲领和主张，认为康、梁的主张虽有其进步的地方，但终究冲不出清朝帝制统治的范围；而孙中山主张采取的革命手段，不仅要推翻清朝统治，而且要还政于民，建立民主共和国，这是适合世界潮流的先进纲领。于是他毅然接受了革命的民主主义思想。

1911年10月10日，孙中山领导下的革命党人在武昌发动起义。正在黄州中学教书的董必武兴高采烈地赶赴武昌，参加了武昌革命军政府，后又加入中国革命同盟会。1912年1月1日，孙中山在南京成立中华民国临时政府，结束了两千多年的封建帝制，颁布《中华民国临时约法》。董必武为辛亥革命的胜利感到由衷的高兴，认为自此中国大有希望。但时过不久，他发现革命烈士用鲜血夺得的政权，很快落到以袁世凯为首的北洋军阀手中。董必武和武昌军政府中的大多数革命党人一样，受到打击排挤。清王朝的垮台并未带来民族振兴，中国仍然处于帝国主义和封建军阀的统治之下，人民仍在水深火热之中，董必武对辛亥革命所取得的成果大失所望。他认为革命需要有新的目标，要培养懂得革命的新人才，要组织新的革命队伍。但这些如何实现，他还无法回答，于是决定到国外去学习新知识，寻求新的革命道路。

1914年1月，董必武东渡日本，在东京私立日本大学攻读法律。此时孙中山正在日本重组中华革命党，但仅有数百人，董必武毅然加入其中。他与孙中山见面，认同其继续实行三民主义的革命。1915年6月，董必武潜回原籍组织反袁起义却遭逮捕入狱，袁世凯死后才得以出狱。他回到日本，接触到马克思主义和无政府主义的书籍，对二者的不同进行了认真思索。1917年夏，董必武毕业回国，又参加了孙中山的护法运动，可惜运动亦未成功。

俄国十月革命的胜利给董必武极大的影响，新的思想已开始在他头脑中激荡。1919年春，董必武在上海结识了李汉俊，受其影响，思想转向马克思主义。“五四”爱国运动的爆发，给董必武的思想以新的推动。他思考着几年来革命屡遭失败的教训，逐渐认识到旧的革命路子已经走不通了，中国要真正实现自由解放，必须依靠民众的力量，走俄国革命的道路。董必武由激进的民主主义者跨入了中国第一批共产主义者的行列。

1920年夏，董必武通过李汉俊获悉上海已成立共产党早期组织，随即和陈潭秋等在武汉组织共产党早期组织。1921年7月，董必武赴上海参加中共一大，在讨论关于对待孙中山的态度问题时，他反对把孙中山与北洋军阀称为“一丘之貉”的说法，认为他们之间有原则的不同，应区别对待，这一主张获得到会多数同志的同意。大会在讨论了中国政治形势和党的基本任务后，通过了党的纲领和关于当前实际工作计划的决议，选举了中央领导机构，宣告中国共产党正式诞生。从此，作为中国共产党创始人之一的董必武，为中国人民的解放事业开始了新的战斗历程。

新中国成立后，董必武历任中央人民政府委员会委员、政务院副总理兼政法委员会主任、最高人民法院院长、中华人民共和国副主席、中华人民共和国代理主席等职。他对上海一直有着深厚的感

董必武参加中共一大时所住的房间

情。1956年的大年初一，董必武重访了上海兴业路上的中共一大会址纪念馆。当时他已70高龄，但谈笑风生，对革命文物的复原和保护作了细致的指示。纪念馆的工作人员请董老题词留念。几天后，他派人送来两幅题词，其中一幅就是“作始也简，将毕也钜”。这是《庄子·人间世》中的一句话，原文为“其作始也简，其将毕也必钜”，意思是事情开头总是简单和容易的，发展到后来，就会越来越复杂和困难。董老借用此言，是为了说明共产党人应该认识到自己事业的长期性和复杂性，善始善终地争取革命的最后胜利。这句话寄托了老一辈无产阶级革命家对中国革命事业的无限期许。“作始也简，将毕也钜”的题词手迹后来作为中共一大会址纪念馆陈列的结束语展示在纪念馆内，至今仍激励着人们为共产主义事业的胜利而不懈奋斗。

1956年董必武参观中共一大会址纪念馆并题词

（研究室馆员　韩晶）

# 陈潭秋及其《中共第一次大会的回忆》

陈潭秋

《共产国际》中文版封面

陈潭秋，原名陈澄，字潭秋，湖北黄冈县（今湖北省黄冈市黄州区）陈策楼人。1920年秋和董必武、刘伯垂等人创建武汉共产党的早期组织，并作为代表与董必武一起参加了中国共产党第一次全国代表大会。一大后，陈潭秋历任江西、满洲、福建省委书记。1935年8月，受党中央委派去莫斯科参加共产国际第七次代表大会，后因行程延误错过而参加了随后召开的少共国际第六次大会。会后，他参加中国共产党驻共产国际代表团的工作，同时进入莫斯科列宁学院研究班学习。1936年7月，正值中国共产党诞生15周年，陈潭秋为纪念这一光辉的日子，在莫斯科撰写了《第一次代表大会的回忆》的专题文章，并发表在1936年的共产国际机关刊物《共产国际》（中文版）第七卷第四、五期合刊上。陈潭秋作为一大代表并不是第一个写有关一大情况的人。在此之前已有人写过有关这方面的事，其中最早的要数陈公博。

陈公博在一大会议结束后不久就撰写了一篇名为《十日旅行中的春申浦》的文章，该文刊载于《新青年》的九卷三号上。文中关于中共一大召开的内容虽然是一字未提，但却提供了一大开会时被侦探意外发觉，后受到租界法国巡捕搜查和讯问的详细过程。文章乍看起来就像描述在一次普通旅游中所发生的偶遇事件，但暗地里却用书面形式为那些不在现场的代表们通报了一大会场被搜查的情况。当时，《新青年》还是被允许公开发行的杂志。文章的立马刊出显然是编者有意为之。虽然其九卷三号上所刊出的出版时间是1921年7月1日，但实际出版应在8月份。这篇文章为以后考证一大召开的具体日期提供了不可或缺的证据。

其次是董必武。1929年12月31日，董必武应何叔衡的要求，回忆了一大召开的过程，并以信函方式回复。时隔8年，他只记得一大是在1921年7月在上海召开，具体日期已记不得了。不过，他记清了各小组及其代表名单（除王尽美、邓恩铭以及共产国际代表尼克尔斯基外），对会上所讨论的一些问题，以及会议遭侦探干扰后转移至嘉兴的情况也有印象。董必武的信，虽文字不多，但对一大会议的考证还是起到一定的作用。

不过，用一篇纪念文章来回忆一大的，陈潭秋是第一人。在陈潭秋的这篇回忆录中，对一大会议的描述是比较详尽的，为后人一窥当时的场景提供了第一手资料。第一，陈潭秋不仅将参加一大的各位代表的姓名说得一字不差，还把代表们的住宿情况也交代得十分清楚。文中说道："1921年的夏天，上海法租界蒲柏路，私立博文女校的楼上，在7月下半月，忽然新来了9个临时寓客……这9个人是：长沙共产主义小组代表毛泽东同志、何叔衡同志……""这次到会的一共有13个人，除上面9个人以外，还有北京代表张国焘同志，上海代表李汉俊、李达……还有一个广东代表陈公博。"

其次，他把一大召开的时间点推至1921年7月底这个时间段，虽未给出具体的某日，但这离现今考证的结果已十分接近。

再次，陈潭秋在回忆录中基本完整地介绍了党的一大会议，大致如下：一、会议的组织情况："七月底大会开幕了，大会组织非常简单，只推选张国焘同志为大会主席，毛泽东同志与周佛海任记录。"二、开会地点："就在博文女校楼上举行开幕式，正式会议是在李汉俊家中开的。"三、开会内容：讨论"当时政治形势，党的基本任务，党的章程（陈这里回忆有误，一大讨论的是党的纲领，党的第一部章程是在二大制定的），以及发展组织问题"。四、会议因密探干扰而续会嘉兴南湖的情况。

陈潭秋对一大会议的记忆是非常细腻的。例如：会议上在讨论中国共产党当前的斗争目标和手段这个问题时，代表们进行了激烈辩论。文中说道："他（指李汉俊）认为中国的无产阶级太幼稚，不懂得马克思主义，须要长期的宣传教育工作……首先把知识分子组织好，施以马克思主义的理论教育，等候马克思主义在中国知识

陈潭秋故居

分子中有了普遍的影响，然后由这些知识分子去组织工人、教育工人。因此他不赞成组织严密的、战斗的工人政党，而主张团结先进知识分子，公开建立广泛的和平研究马克思主义理论的政党……当时的李达与陈公博拥护李汉俊的观点。另一面是以刘仁静为首的极‘左’派。他主张以无产阶级专政为直接斗争的目标，反对参加资产阶级民主运动，反对任何合法运动，认为知识分子都是资产阶级的思想代表，一般应拒绝其入党。包惠僧是赞成刘仁静的意见。”时隔15年，陈潭秋对会上所讨论的问题还记得如此清晰，十分难得。

在文章的最后，陈潭秋回顾了党在这15年里所历经的反对党内“左”和右的错误路线的情况，以及带领广大人民群众与反动势力进行艰苦卓绝的斗争历程。而面对当前的民族危机，他说道:“中国共产党在它的十五周年纪念的时候，它所提出的反日人民统一战线，已经得到全国人民的反映，正在开展着广大的抗日斗争，它将在这一斗争中，要表现更伟大的作用。”党“正在领导着中国人民作伟大的有历史意义的斗争”。

文章发表三年后，陈潭秋奉命回国，担任中共中央驻新疆代表和八路军驻新疆办事处负责人。1943年9月27日，陈潭秋同毛泽民、林基路一起被军阀盛世才秘密杀害，时年47岁。1945年召开中共七大时，代表们因不知其牺牲的噩耗，仍选举他为中央委员。

陈潭秋这位党的创始人之一，用这篇文章作为向中国共产党成立15周年而献上的一份来自莫斯科的贺礼，这也是他为党的大会议留下的一件弥足珍贵的历史文献。

（保管部主任、馆员　陈晓明）

# 王尽美名字的由来

王尽美

1921年7月23日，中国共产党第一次全国代表大会在上海举行，当时参加会议的有来自各地的早期共产党组织代表及共产国际代表等共15个人，王尽美就是其中的一员。

王尽美，原名王瑞俊，字灼斋。在参加一大会议的时候，他使用的仍然是“王瑞俊”这个名字。那么他是什么时候改名叫王尽美的呢？这还得从他小时候说起。

1898年6月，王尽美出生在山东诸城市莒县一个佃农家庭里。在他7岁时，一个偶然的机会，给当地一个地主家的孩子当陪读。塾师听说王尽美出生时红光满屋，于是给他取名叫王瑞俊，字灼斋。

1918年秋，20岁的王尽美考入济南山东省立第一师范学校，在此期间，他认真阅读进步书刊，参加爱国学生运动。1920年11月，王尽美与省立第一中学学生邓恩铭等人发起成立了励新学会，出版了《励新》半月刊，积极宣传新思潮，广泛接触农民群众，密切关注社会变革，努力探索救国救民的道路。1921年春，王尽美、邓恩铭等在北京、上海共产党早期组织的影响和帮助下，筹备并成立了济南共产党早期组织。组织成立后，王尽美除了把励新学会作为

山东省立第一师范学校原址

活动的主要阵地继续传播马克思主义外，还拿出大部分精力去开展工人运动，深入工厂广交朋友，组建工会组织，创办《济南劳动周刊》，促进了马克思主义与工人运动的结合。

第二期 勵新 第十三版

山東的師範教育與鄉村教育 王瑞俊

王尽美在《励新》上发表的文章

1921年7月，对于王尽美来说，是他革命生涯中一个最光辉的里程碑。他与邓恩铭代表济南共产党早期组织参加了中国共产党第一次全国代表大会，见证了中国共产党的诞生。在一大会议上，王尽美向大会汇报了山东党组织组建的过程，并对目前的形势和任务阐述了自己的观点。会后，王尽美逐一拜访每个代表，利用一切机会向他们求教，与他们畅谈对马克思主义的认识。他的虚心好

济南地方支部活动旧址

学和追求真理的执著，给与会代表们留下了深刻的印象。

党的一大会议后，王尽美更加坚定了革命的信念，他决心为实现一个尽善尽美的社会而努力奋斗，于是他将自己的名字由王瑞俊改为王尽美，并为此作了一首诗，名为《肇在造化——赠友人》："贫富阶级见疆场，尽善尽美唯解放。潍水泥沙统入海，乔有麓下看沧桑。"

至此，王尽美完成了从一个普通的爱国青年到坚定的共产主义者的蜕变。

王尽美回到山东后，把一大会议的精神向济南共产党早期组织的成员进行了传达，并对如何落实一大精神，进一步加强和抓紧党在山东的工作进行了认真研究。1921年9月，王尽美在济南策划建立了马克思主义学说研究会，进一步有计划、有组织地学习和宣传马克思主义，会员发展到几十人。1922年1月，王尽美出席在莫斯科召开的远东各国共产党及民族革命团体第一次代表大会。在苏俄期间，王尽美从各个侧面观察和认识这个世界上第一个无产阶级掌握政权的国家，从中受到很大的启发、教益和鼓舞。从莫斯科回到济南后，王尽美根据中央局的指示，把工作重点放在发展党的组织方面。5月，中共济南独立组成立，王尽美任组长，不久又建立了中国劳动组合书记部山东分部，王尽美任主任。随后，他深入矿山、工厂、学校，组织领导了济南理发业大罢工、山海关京奉铁路大罢工、开滦五矿工人大罢工及秦皇岛码头工人大罢工等一系列工人罢工运动，为山东党组织的发展壮大做出了重大贡献。

1925年春节前夕，王尽美因疲劳过度吐血晕倒，但他不等病愈毅然出院，继续投身于革命斗争中。6月，王尽美肺病复发，在组织的安排下回乡养病，后因病重到青岛医院治疗。在病床上，他对探访的战友们从不谈自己的病情，总是勉励大家要好好为党工作。同年8月，王尽美病逝，年仅27岁。

山海關京奉路工罷工宣言

山海關京奉路工友俱樂部因要求代表復職、待遇平等不遂、現已罷工、其宣言云、

工友們！同胞們！

我們山海關工人受工頭萧璧及其黨徒陳宏經等之虐待、和生活艱難年長日久了、於今趙雖去、陳仍留、千方設計、陰謀破壞工人俱樂部、並無端開除俱樂部委員佟惠庭景樹庭二工友、我們曾向路局提出要求條件六則、已宣言過了、

工友們！同胞們！

路局曾於八月三十日並未向工人俱樂部磋商、單方用上諭式批覆、對驅逐陳宏經及佟景二工友復職、毫未提及、其他最低限度的經濟要求、亦未允許十分之一、工人等忍不能忍、全體議決於本日(十月四日)以最後手段罷工對待、

工友們！祈本『階級的利益』『奮鬥的精神』與以『實力援助』！

同胞們！請依『平等的原則』『互助的友誼』、表以『熱烈同情』！

附工人要求條件六則

(一)速開除陳宏經、請我們的代表佟惠庭景庭二君復職、並將二君停工期間工資完全發給、

(二)每星期日及各種假日、均要休息、並須發給全薪、

(三)凡工人一律加薪、按十五元以下者加三成、十五元以上者加二成、五十元以上者加一成、

(四)以後每年加薪二次、

(五)此次直奉戰爭工人所受損失極大、應照火車房例、同樣發給獎金、

(六)關於待遇平等包含下列各項、一每年須有兩星期假、假中發全薪、二每三年須有兩月例假、假中發全薪、三病假必須發全薪、四工人向廠買物及購煤、必須與員司受同等待遇、五工人家眷來往乘車、須發給全免費票、六每年發給五路乘車免費票一次、

《山海关京奉路工罢工宣言》

王尽美，这位中共山东党组织最早的组织者和领导者，将“无产阶级‘尽善尽美’”作为他一生追求的社会理想，用生命实践了一个共产主义者的诺言，值得我们永远纪念。1961年8月21日，董必武同志在去武汉途中，深情地怀念起王尽美，在列车上挥笔写了一首《忆王尽美同志》的诗：“四十年前会上逢，南湖舟泛语从容。济南名士知多少，君与恩铭不老松。”

（陈列部馆员　康珏）

# 中共一大唯一的少数民族代表邓恩铭

邓恩铭

邓恩铭，又名恩明，字仲尧，1901年生，贵州荔波人，水族。1921年初，与王尽美等成立山东共产党早期组织。同年7月，出席中共一大，是13名代表中唯一的少数民族代表。

邓恩铭六岁就读私塾，10岁进入荔波县模范两等小学堂读书。10岁那年正是辛亥革命爆发之时，邓恩铭虽不能深刻理解辛亥革命的伟大意义，但懂得清王朝已被推翻。荔波县模范两等小学堂是一所七年制新式学校，有几位思想进步的教师，如历史老师高煌就是光绪年间贵州省第一批公费留日学生。在他的历史课上，有一次讲到德国帝国主义借口“曹州教案”强迫清政府签订《胶澳租界条约》、占领青岛时，高老师沉痛地说道：“世界大战爆发时，日本帝国主义借口对德宣战，强占我国青岛，至今还没有收回……”“老师！为什么不把日本帝国主义赶走，收回青岛？”邓恩铭站起身情绪激昂地喊道。高老师理解邓恩铭内心的爱国激情，耐心地向学生解说了军阀政府勾结帝国主义，出卖国家主权的卑劣行径。这一课使邓恩铭懂得了封建王朝虽已推翻，但革命尚未成功。

1915年，袁世凯复辟帝制，为取得日本帝国主义支持，签订了丧权辱国的“二十一条”。顿时全国掀起反袁斗争浪潮。学生走上街头演讲，揭露日本帝国主义的侵略野心和袁世凯的卖国罪行。邓恩铭在演讲中号召大家抵制日货，把自己用过的日货当众烧掉，以实际行动反对日本帝国主义。这次反袁斗争是邓恩铭参加的第一次革命斗争活动。

1917年16岁的邓恩铭从荔波县城出发，水陆兼程辗转一个多月，前往山东济南二叔家投亲求学，父母嘱咐他要好好读书，将来谋得一官半职，为邓氏门庭增光。对长辈的期望，邓恩铭心想：若国家尚不能保全，一家门庭的光大又有何用？读书不能只为一人一家，而应为了救国。抱定读书救国的决心，1918年邓恩铭以优异的成绩被山东省立一中录取。

1919年五四运动爆发，邓恩铭参加了省立一中学生自治会的运动。他的演说、写作、组织才能在同学中崭露头角，受到同学们的拥护，并结识了济南省立第一师范学校的学生王尽美。

“五四”后，在中国迅速出现了介绍俄国十月革命、宣传马克思主义的潮流。邓恩铭如饥似渴地阅读各种进步书籍和刊物，探求救国救民的真理。通过不断学习思索，他终于确定了以马克思主义作为自己的信仰，并开始联络志同道合的朋友，共同探索、寻求中国革命的道路。王尽美就是其中一员。

1920年春，共产国际代表维经斯基来到中国，先后到北京、上海与李大钊、陈独秀讨论了中国建立共产党的问题。他在由京赴沪的途中，曾在济南与王尽美、邓恩铭等人进行商谈。在维经斯基的帮助下，京、沪、济等地的先进知识分子开始酝酿建立中国共产党。

1920年6月，陈独秀首先在上海创建了共产党早期组织。1921年年初，在陈独秀的推动下，济南也成立了共产党早期组织，王尽美、邓恩铭是组织的负责人。

1921年6月，中共上海发起组向全国各地组织发出了召开第一次全国代表大会的通知。

这时，北京的代表张国焘由北京赴上海，途经济南作了短暂停留。他邀请了济南共产党早期组织的几名成员，交谈京、济两地共产党早期组织活动的情况、全国形势，并对即将举行的第一次全国代表大会交换了意见。此后，济南共产党早期组织推选王尽美、邓恩铭二人作为参加第一次全国代表大会的代表。

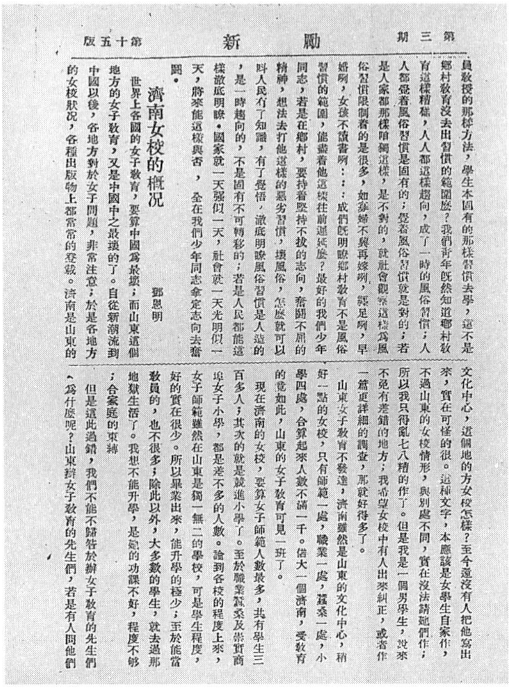
第三期 勵新 第十五版

員教授的那樣方法，學生本固有的那樣習慣去學，這不是鄉村教育沒去出習慣的範圍麼？我們青年既然知道鄉村教育這樣糟糕，人人都這樣趨向，成了一時的風俗習慣；人人都覺着風俗習慣是固有的；覺着風俗習慣就是對的；若是人家都那樣唯獨這樣，是不對的，就社會觀察這樣爲風俗習慣限制着的是很多，如孀婦不與再嫁咧，纏足咧，早婚咧，女孩不讀書咧：：：我們既明瞭鄉村教育不是風俗習慣的範圍，能盡着他這樣往前遲延麼？最好的我們少年同志，若是在鄉村，要持着堅持不拔的志向，奮鬬不屈的精神，想法去打他這樣的惡劣習慣，壞風俗，怎麼就可以叫人民有了知識，有了覺悟，澈底明瞭風俗習慣是人造的，是一時趨向的，不是固有不可轉移的；若是人民都能這樣澈底明瞭，國家就一天强似一天，社會就一天光明似一天，將來能這樣與否，全在我們少年同志拿定志向去奮鬬。

濟南女校的概况

鄧恩明

世界上各國的女子教育，要算中國爲最壞；而山東這個地方的女子教育，又是中國中之最壞的了。自從新潮流到中國以後，各地方對於女子問題，非常注意；於是各地方的女校狀況，各種出版物上都常常的登載。濟南是山東的文化中心，這個地的方女校怎樣？至今還沒有人把他寫出來，實在可怪的很。這種文字，本應該是女學生自家作，不過山東的女校情形，與別處不同，實在沒法請她們作；所以我只得亂七八糟的作了。但是我是一個男學生，說來不免有差錯的地方；我希望女校中有人出來糾正，或者作一篇更詳細的調查，那就好得多了。

山東女子教育不發達，濟南雖然是山東的文化中心，稍好一點的女校，只有師範一處，職業一處，蠶桑一處，小學四處，合算起來人數不滿一千。偌大一個濟南，受教育的竟如此，山東的女子教育可見一斑了。

現在濟南的女校，要算女子師範人數最多，共有學生三百多人；其次的就是競進小學了。至於職業蠶桑及崇實商埠女子小學，都是差不多的人數。論到各校的程度上來，女子師範雖然在山東是獨一無二的學校，可是學生程度，好的實在很少。所以畢業出來，能升學的極少；至於能當教員的，也不很多；除此以外，大多數的學生，就去過那地獄生活了。我想不能升學，是她的功課不好，程度不够；合家庭的束縛

但是這此過錯，我們不能不歸咎於辦女子教育的先生們，爲什麼呢？山東辦女子教育的先生們，若是有人問他們

1921年1月15日，邓恩铭撰《济南女校的概况》，刊于《励新》第三期《山东教育号》

上海，这座中国工人最集中的重要城市，在1921年7月下旬聚集了毛泽东、董必武、陈潭秋、何叔衡、王尽美、邓恩铭、李达、李汉俊、包惠僧、张国焘、刘仁静、陈公博、周佛海13人，他们代表着全国50多名党员。为避开反动当局耳目，他们自称“北京大学暑期旅行团”，下榻于法租界的博文女校。与会代表中，邓恩铭是个刚满20岁的年轻小伙，性格开朗，会议期间十分活跃，深为代表们所喜爱。10年后，邓恩铭为了共产主义事业牺牲在敌人的刑场上，参加过一大的代表们还深深地怀念着他。大会经过讨论，最后按照布尔什维克的原则，通过了中国共产党第一个纲领和决议，同时选举了党的领导机构。大会闭幕后，中国共产党正式宣告成立。

1922年1月，邓恩铭赴莫斯科参加远东各国共产党和民族革命团体第一次代表大会，受到列宁的亲切接见。同年底，邓恩铭赴青岛创建党组织，先后任中共直属青岛支部书记、中共青岛市委书记。

大革命时期，邓恩铭先后领导胶济铁路工人大罢工和青岛全市工人大罢工，组织成立青岛市各界联合会和市总工会。1927年4月，邓恩铭赴武汉出席中共第五次全国代表大会，回山东后，任中共山东省执行委员会书记。

大革命失败后，邓恩铭辗转山东各地，领导党组织开展斗争。1929年年初，因叛徒出卖，邓恩铭被济南警察局逮捕。

在监狱中，邓恩铭领导其他党员组织了两次越狱斗争，沉重地打击了敌人的嚣张气焰，使得敌人惊恐万状，对他更加的严刑拷打。敌人从肉体上给予邓恩铭折磨，妄图摧垮他的意志。然而邓恩铭却仍坚贞不屈，坦然自若，严守了党的机密，表现了一个共产党员的高风亮节。敌人对他恨之入骨，于1931年的4月5日残酷地将年仅30岁的邓恩铭杀害了。

（研究室助理馆员　赵婕）

# 陈公博与大东旅社离奇命案

陈公博

陈公博，原籍广东乳源，寄籍南海。1892年10月19日，陈公博生于广州北门的一个官宦之家。1917年，他从广州法政专门学校毕业后，又考入北京大学哲学系。当时的北京大学正是蔡元培任校长时期，各方名师汇集，各种思想广泛传播。陈公博与同时代的人一样承受着新思潮的冲击和洗礼，吮吸着蜂拥传入中国的各种西方思想。

1920年夏，陈公博结束了在北大的求学生活，带着极不定型的新思想和急于施展才华的抱负，返回广东，开始踏上政治舞台。在陈公博返回家乡前后，广东已成为中国革命的中心：一方面，孙中山在第一次护法运动失败后，再次举起“护法”旗帜，1920年10月从上海重返广州主政，革命蓬勃发展；另一方面，五四运动后的广州，各种新思潮广泛传播，各种新刊物如雨后春笋般涌现，掀起了一股宣传马克思主义和社会主义的热潮。在这种情况下，回到广州的陈公博在时代潮流的冲击下，开始接受和宣传社会主义学说。1920年10月20日，他联络同学和一些进步知识分子创办了以宣传新文化、新思想为宗旨的《广东群报》，陈公博任总编辑。《群报》一经正式发刊，便以崭新的面貌大张旗鼓地宣传社会主义新思想、新文化，在广东思想界引起巨大震动，受到进步人士的普遍欢迎。陈公博主编的《群报》，在广东宣传了马克思主义和社会主义思想，为中共广州支部的建立做了思想上和理论上的准备。1920年12月，陈独秀受聘广东教育委员会委员长之职来到广州，帮助广州方面建立共产党组织。在此之前，两名苏俄代表联络广州的无政府主义者建立了“无政府主义的共产党”。1921年3月，陈独秀与陈公博、谭平山、谭植棠等经过几次酝酿，组建了新的共产党广州支部，谭平山任书记，谭植棠管组织，陈公博负责宣传。共产党广州支部成立后，陈公博继续任《群报》主编，在陈独秀的指导下，开辟了许多专栏，宣传马克思主义。《群报》成了广东地区传播马克思主义的一个重要阵地。

1921年7月23日，中国共产党第一次全国代表大会在上海召开。经陈独秀提议，陈公博作为广州社会主义运动的领导人，被推举为广州支部出席会议的代表。

在出席大会的13名代表中，陈公博的行踪显得与众不同。7月21日陈公博从广州经香港到达上海。除上海代表李达、李汉俊各自住在上海自己家中之外，毛泽东等各地代表都以“北京大学暑假旅行团”的名义，住在上海法租界白尔路389号（今太仓路127号）博文女校的楼上。唯有出身豪门的陈公博住在上海南京路上第一流的大东旅社。尤为特别的是，陈公博还携新婚妻子李励庄以补度蜜月的名义一起来上海。

7月30日晚，会议受到法租界巡捕房的骚扰。折腾了两个多小时，法国警察没有找到任何证据，警告了几句便离开了。一场虚惊算是烟消云散。

当晚10时过后，陈公博离开李家回大东旅社。不料一出门就发现自己被密探盯上了。他不敢径直回大东旅社。这时已是晚上10点多，陈公博装着很悠闲的样子，逛书场，逛戏场。他利用天黑人杂，在人群中绕了几圈，终于摆脱了密探，这才急匆匆闪进英华街，来到那挂着“天下之大，居亚之东”对联的大东旅社。穿白上衣、黑长裤的茶房为他打开了41号房间的房门，灯亮了，他的太太也醒来了。他关紧了房门，此时的他已经满身大汗。他小声叫妻子把皮箱打开，他取出了几份文件，然后倒掉痰盂里的水，把文件放在痰盂中烧掉。做完这些他才松了一口气，把刚才惊险的经历讲给妻子听。

洗完澡，汗水仍在不断地溢出。酷暑之中，那大铜床上像蒸笼似的。陈公博索性把席子铺在地板上。下半夜，那积聚在天空的乌云终于结束了沉默、僵持的局面，雷声大作，电光闪闪，下了一场瓢泼大雨。凉风习习，陈公博总算得以安眠。然而，睡至天色微明，旅馆里突然响起一声枪响和一声女子的惨叫声，吓得惊魂未定的陈公博跳了起来。打开房门一看，走廊上空无一人，只听得急雨打窗，狂风吹面，他怀疑是否为一种梦境。及至上午9时，方有一茶房跑来说，隔壁房间的一女子被人杀死了，并说前日有一男一女来住宿，今天早晨男的起身后吃了一碗面就出去了，等打扫房间时才发现女的已死在床上，身中一枪，颈上还有毛巾缠住，看来是男的打了一枪，见女的不死，又用毛巾勒毙的。一昼夜间，连着三惊，陈公博感到再也不能在上海停留了。他尤其担心如果有巡捕和侦探来侦查，说不定认出他就是昨夜在李公馆被侦查之人，会弄出莫名其妙的麻烦来。他找到旅馆总经理，利用广东同乡的关系，谎称：“我隔壁出了命案，我太太非常惧怕，所以今日要去杭州一趟，把所有行李暂存旅馆，等回来还要换一个房间。”骗过了经理，趁着巡捕和密探还没有光临，带着妻子匆匆离开了大东旅社。他先将妻子安顿在另外一家旅馆，自己跑去找上海代表李达报告昨夜的经过，并获悉经过昨天的变故，会议已决定暂停，另易地方，会期未定。陈公博决定当天下午便乘车去杭州。到杭州读报方知，那件命案是男女殉情案。女的名孔阿琴，是一家丝厂女工；男的名瞿松林，是在一个英国医生那里当侍役。两人不知为什么不能结婚，相约同死。瞿氏偷了英国医生的一支手枪，和孔氏来大东旅社开房间。到了天明，瞿氏向孔氏开了一枪，孔氏居然不死，瞿氏急了，又用毛巾将她勒死。大概是瞿氏一时又萌生了独生之念，便收起死心，写了一封自白的长信，又要了一碗面吃饱，然后扬长而去。

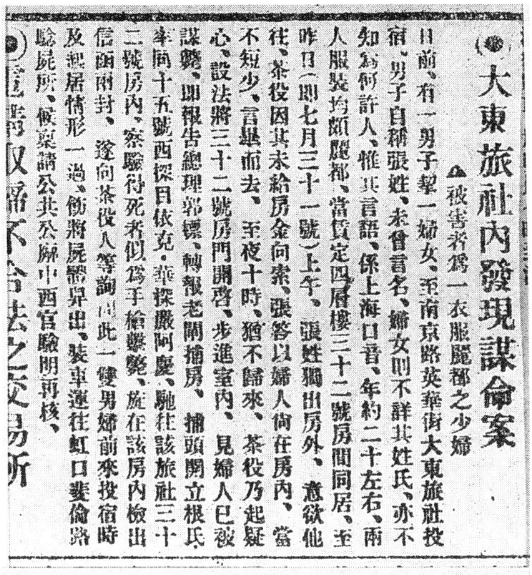

大東旅社內發現謀命案

被害者爲一衣服麗都之少婦

日前、有一男子挈一婦女、至南京路英華街大東旅社投宿、男子自稱張姓、未曾言名、婦女則不詳其姓氏、亦不知爲何許人、惟其言語、係上海口音、年約二十左右、兩人服裝均頗麗都、當賃定四層樓三十二號房間同居、至昨日（即七月三十一號）上午、張姓獨出房外、意欲他往、茶役因其未給房金向索、張答以婦人尚在房內、當不短少、言畢而去、至夜十時、猶不歸來、茶役乃起疑心、設法將三十二號房門開啓、步進室內、見婦人已被謀斃、即報告總理郭標、轉報老閘捕房、捕頭闕立根氏、率同十五號西探目依克·華探嚴阿慶、馳往該旅社三十二號房內、察驗得死者係爲手槍擊斃、旋在該房內檢出信函兩封、遂向茶役人等詢問此一雙男婦前來投宿時及起居情形一過、飭將屍體舁出、裝車運往虹口斐倫路驗屍所、候稟請公共公廨中西官驗明再核、

[illegible]取締不合法之交易所

1921年8月1日，上海《申报》上刊载了题为《大东旅社内发现谋命案》的报道。

几天后，陈公博夫妇返回上海。与旅日代表周佛海见面方知，当他们夫妇在杭州游山玩水之时，中国共产党第一次全国代表大会的最后一次会议已经在浙江嘉兴南湖的一艘游船上举行，并在这次会议上通过了党的纲领和当前工作决议，选举了党的领导机构，宣告了中国共产党的正式成立。陈公博没能出席在嘉兴南湖船上的最后一次会议，回到上海后与其他代表草草谈了两三次，便乘船回了广州。

陈公博人生的转折也由此开始，他做了中共一大的“逃兵”，接着又做了中国共产党的逃兵。1923年，他被开除党籍。抗战时期，陈公博追随汪精卫叛国投敌，在南京汪伪政府任立法院长；汪精卫死后，任代主席兼行政院长，成为第二号大汉奸。1946年6月在苏州监狱被处决。

（宣教部讲解员、助理馆员　朱蓓靓）

# 身份颇具争议的一大代表包惠僧

在出席中共一大会议的代表中，包惠僧的身份颇具争议。他自认为是广东代表，当年一起参加会议的李达、刘仁静则始终否认他是正式代表，李达说“包是以新闻记者身份与会的”，是“旁听”；刘仁静则说他是“串门来的”。20世纪80年代始，学者们对此亦多有探讨，有学者提出包惠僧是陈独秀的特派代表。这其中有着什么样的缘由呢？

包惠僧，1895年1月15日出生于湖北黄冈东乡包家畈。在母亲的支持下，1900年入私塾上学。1908年考取了黄冈县最早的官立学堂——黄冈县高等小学堂，在学校里开始接触到国文、算学等新学。1912年考取湖北省立第一师范。1917年毕业后，被留在一师附小。半年后，回到家乡的一所小学任教。由于不满当地豪绅把持校务，包惠僧与这般豪绅多次发生冲突，终于被他们戴上了“要造反”的罪名，无奈中只好逃到武昌寻找工作。一个偶然的机会，他成了《汉口新闻报》《大汉报》的外勤记者，通过赚取稿费维持生活。从这时到1921年前后，他以“雷”“鸣”为笔名发表了几百

包惠僧

篇报道，有对武汉学生五四运动的及时报道，有对湖北教育界贪污腐化的揭露，还有对鄂西军政府情况的动态追踪等等。那时记者的社会地位是很低的，但包惠僧没有更好的选择，此时的他还是一个爱憎分明的热血青年，他把自己对国家忧患的思考、对社会现状的不满透过笔尖在一篇篇报道中传递出去。

1920年2月5日，北大教授陈独秀专程到武汉讲学。包惠僧怀着崇敬的心情，以记者身份前去采访，和陈独秀谈了个把钟头。在陈独秀那里，包惠僧的记者身份非但没有被轻视，反而得到了陈独秀的理解和鼓励。陈独秀还给他讲读书、讲做人做事的道理。包惠僧尊重陈独秀的意见，没有把访谈写成报道发表，但谈话内容却从此烙在了他的心底，影响了他人生的航向。

1920年夏秋的一天，忽然有一个陌生人来找包惠僧。他自我介绍说是刘伯垂，是陈独秀介绍他来找包惠僧的，并详细说明了来意。原来，1920年6月，陈独秀等人在上海建立了共产党早期组织。刘伯垂在日本留学时曾和陈独秀结识。1920年，他从广州途经上海回湖北。在上海拜访老朋友陈独秀时，陈独秀吸收他参加了上海共产党早期组织，并让他回湖北找几位同志一起建立武汉共产党早期组织。包惠僧忆起半年前与陈独秀的谈话，他毫不犹豫地接受了邀请，与刘伯垂一起投入到武汉共产党早期组织的筹备中。1920年秋，包惠僧与董必武、陈潭秋、刘伯垂、张国恩等人一起在蛇山北麓的抚院街97号，即董必武、张国恩合办的律师事务所，成立了武汉共产党早期组织。包惠僧被选为书记，负责日常工作。

1921年农历新年前后，包惠僧带着两个青年团员一起来到上海，准备前往莫斯科留学。但是由于当时到海参崴的海路中断，留学无法成行。于是，包惠僧应李汉俊要求，留在上海与杨明斋一起负责教育委员会的工作，住在霞飞路新渔阳里6号的外国语学社里。

1920年5月，由于俄共代表吴廷康回苏俄汇报工作，上海共产党早期组织经济来源困难，恰巧“五一”节外国语学社又遭到了法

1957年4月，包惠僧任国务院参事时的工作证。

国巡捕搜查，党的工作难以为继。于是李汉俊委托包惠僧前去广州请陈独秀回上海主持工作。包惠僧到了广州后，陈独秀却说他当前无法离开，反而要包惠僧留在广州。于是，在此后近两个月里，包惠僧参加了广州共产党早期组织的活动。大约在6月中旬，陈独秀召集广州共产党早期党员开会。包惠僧回忆说："接到李汉俊、张国焘等来信，临时中央在上海召集全国代表会议，第三国际、赤色职工国际也派来代表参加，要陈独秀回上海，要广州区派两个代表去出席。陈独秀因职务关系走不开，当时决定我同陈公博为广州区的代表。行前陈独秀同我说：大会后你还是回武汉工作，你在武汉工作比较有作用些。"

包惠僧接受了任务，于1921年7月20日前后到达上海，先住进了渔阳里6号，后来又搬到大会安排的代表住宿地点——博文女校。在会议中，包惠僧积极参与讨论，勇于阐述自己的观点。7月30日晚，在开会地点李汉俊家发生巡捕闯入事件后，包惠僧当晚又不顾危险到李汉俊家探听情况。因此不论包惠僧的身份是什么，他自始至终参加了中共一大会议，并为会议的召开和中国共产党的创建做出了贡献。

（研究室副主任、副研究馆员　张玉菡）

# 曾在中共一大后担任中央局代理书记的周佛海

周佛海代表旅日共产党早期组织出席了中国共产党第一次全国代表大会，这是众所周知的。但在中共一大上，周佛海曾担任过党的中央局代理书记，这却仍是一个鲜为人知的史实。

周佛海

在一大当事者的回忆录中，对周佛海在一大上曾担任党的中央局代理书记这一史实都有明确的记述。据当年担任中共一大会议执行主席，一大会议上被选入中央局领导机构的张国焘回忆，在中共一大的南湖会议上，经讨论，“一致认为现在党员人数很少，暂不必根据党章设人数较多的中央执行委员，只需选出三个委员，分担书记、组织、宣传等工作就够了。根据这个决定，大会旋即一致推举陈独秀任书记，李达任宣传，我任组织。在陈先生（陈独秀）没有返沪之前，书记一职暂由周佛海代理”。据包惠僧回忆，在南湖“我们雇了一只大船，并准备了酒菜，把船开到湖心，就开始开会，通过了党纲和劳动运动的计划，便举行选举，选出三个中央委员，即陈独秀、张国焘、李达，两个候补委员，即李大钊、周佛海，并决定陈独秀任书记，张国焘任组织，李达任宣传。陈独秀未返沪之前，书记暂由周佛海代理”。周佛海本人在回忆中也谈到，“我们就在船上开起会来，通过党纲和党的组织，并选举陈仲甫（陈独秀）为委员长，我为副委员长，张国焘为组织部长，李鹤鸣（李达）为宣传部长，仲甫未到沪的时期内，由我代理。中国共产党就这样在烟雨苍茫、湖波浩渺的孤舟中正式产生了”。从上述三个当事人的回忆材料看，由于年代久远，再加上各种因素，尽管在具体细节上有不尽一致之处，但在党的一大上曾决定陈独秀没有返沪之前，中央局书记一职暂由周佛海代理这一点上，他们的回忆是一致的。

周佛海在担任中央局代理书记和陈独秀在沪被捕后这段时间内，也确实具体负责和处理过党的一些日常工作。他除代表中央局和共产国际代表马林保持经常性的工作联系外，还为推动工人运动做了一些实际工作。当他得知在日本人经营的纱厂工作的工人想学日语，便“在工人集居的地方，开一日语夜校”，并自己“每隔一夜去教两小时”。1921年9月中旬，陈独秀由广州返沪，但刚到不久，10月4日即在寓所遭到法租界当局的逮捕。正当这时，党的中央局又接到共产国际来电，要中国共产党组织一批各界青年到苏俄参加远东会议，以抵抗美国召开的华盛顿会议。为此，周佛海一面把营救陈独秀的事托付给邵力子等人，一面亲自负责召集参加远东会议的人员。他从上海出发，在长沙、汉口、安庆、芜湖等地，通过同毛泽东、陈潭秋等人商量，共召集了三四十人。周佛海回到上海已是10月中旬。这时，陈独秀已经获释出狱，周佛海就读的日本第七高等学校也早已开学。于是，周佛海把经手的事匆匆交给陈独秀后就回日本去了。据周佛海本人回忆，“我代理委员长时期内，不到两月”。

党的一大会议之所以会推举周佛海担任中央局的代理书记，主要原因有两条。一是当时的客观条件。被选为中央局书记的陈独秀仍在广州，尽管李达等人根据共产国际代表马林的意见，已迭电催促陈独秀回沪主持党的工作，但陈一时难以返回。被选为组织主任的张国焘（当时所谓组织工作，是专指工人运动的组织工作而言）和宣传主任的李达，根据党的一大“要特别注意组织工人，以共产主义精神教育他们”的决定，忙于领导组织工会工作和编辑出版党的刊物《共产党》月刊，及筹备建立党领导的人民出版社工作，无暇兼管、处理党的一些日常工作。其他来自各地的代表都要及时回本地区传达贯彻党的“一大”会议精神，继续深入开展党的工作。而当时周佛海代表的旅日共产党早期组织，实际上只有他和施存统二人，而且周佛海在鹿儿岛，施存统在东京，分住两地，两人平时除了保持一定的通信联系外，在日本也没有多少活动。因此，和其他各地代表不同，不存在急于赶回去贯彻党的一大会议精神的问题。当时周佛海是日本鹿儿岛第七高等学校的留学生，来上海参加党的一大会议，正值学校放暑假期间，一大结束是8月初，离学校开学还有一个多月的时间。估计在这一段时间内，陈独秀也能回到上海了。因此，在陈独秀回上海之前，推举周佛海担任党的中央局代理书记，负责处理党的一些日常事务，有其一定的合理性。二是周佛海本人当时在党内也有一定的影响。周佛海在1920年暑假回国时就参加了上海共产党早期组织。在日本留学期间又接触了较多的宣传马克思主义和社会主义的书籍，并且一边读书，一边为上海的《民国日报》《觉悟》副刊、《新青年》月刊和《共产党》月刊撰写和翻译了不少宣

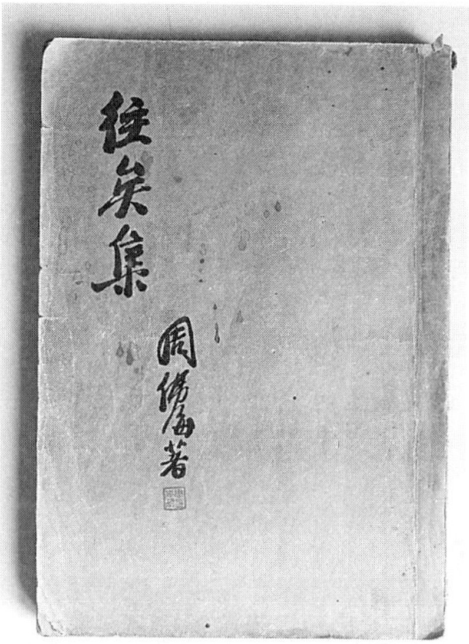

周佛海著《往矣集》

传社会主义和十月革命的文章。据不完全统计，周佛海在1921年一年中，用本名和“无懈”笔名发表的登载在以上三个报刊杂志上的文章，诸如《实行社会主义与发展事业》《苏农俄国的农业制度》(《新青年》九卷二号)、《我们为什么主张共产主义》(《共产党》月刊，1921年5月7日)等就有12篇之多。在中共一大会议上，他表现得也很活跃，“对日本的社会主义运动谈得头头是道，对大会的筹备工作也积极参加”。

长期以来，由于周佛海以后投靠蒋介石集团进行反共活动，1938年底又追随汪精卫投敌，沦为汉奸；加上直接提供周佛海在党的一大上曾担任过党的中央局代理书记的回忆资料的几个当事人，以后在政治上都有变化，因此党史学界对此史实很少触及。笔者认为周佛海是不齿于人的，但他在党的一大上曾担任过中央局的代理书记是历史事实。坚持历史唯物主义的观点，本着实事求是的态度，分析、研究和肯定这一历史事实，绝不会影响我们党的光荣历史和光辉形象。

1940年汪伪国民政府成立，周佛海在汪伪国民政府门前留影。

（馆长、研究馆员　倪兴祥）

# 引来租界巡捕的大嗓门马林

马 林

亨德里克斯·约瑟夫·弗朗西斯克斯·马里·斯内夫利特(Hendricus Josephus Franciscus Marie Sneevliet)是荷兰的社会活动家、反法西斯战士,也是中国近现代历史上最有影响的外国人之一。为了革命工作的需要,他曾用过马林(Maring)、孙铎(Sun-tuo)、倪恭卿(Gni Kong-Ching)等化名,中国人习惯叫他马林。1920年8月8日,共产国际执行委员会任命马林为代表,派遣他赴上海,协助建立中国共产党并开展民族独立运动。

1921年6月4日马林抵达上海后,立即与上海的共产党早期组织成员李达、李汉俊接触,草拟党章、党纲,具体筹商让各地派代表来沪参加全国代表大会的事,积极筹备召开中共一大。1921年7月23日,中共一大在上海召开,会上马林首先致辞,对中共成立表示祝贺;代表共产国际作了题为《第三国际的历史使命与中国共产党》的报告;介绍了第三国际和列宁关于民族和殖民地问题的论述。据一大代表包惠僧回忆:“他对马克思、列宁的学说有精深的素养，他声若洪钟，口若悬河，有纵横捭阖的辩才……我们在他的词锋下开了眼界。”7月30日晚上，中共一大举行第六次会议，原定议程是由马林对会议讨论的各项问题发表意见，然后通过党的纲领和决议。晚上7时许，突然有一个陌生的中年男子从后门闯入会场，四下张望，代表们问他干什么，他含糊其辞地回答：“找各界联合会王会长。”然后借口找错了地方，便匆匆溜走了。在李汉俊住宅旁边确实有个各界联合会，但是没有会长，也没有姓王的。马林凭借他在荷属东印度从事地下工作的经验，意识到来者不善，果断地做出停止会议，立即撤离的决定。大多数人立即离开，只有上海代表李汉俊和广州代表陈公博留在会场。代表们疏散后不过十几分钟，法国巡捕便包围了会场，巡捕因为听了密探的报告，拼命追问刚才在这里开会的两个外国人是谁。李汉俊回答说，那两个外国人是过去在大学读书时认识的外国教授，两年不见了，暑期里遇到随便聊聊，并不是来开会的。法国巡捕表示不相信，他们足足搜查盘问了两小时，一无所获，才快快离开。李达后来回忆说：“当时真危险，如果没有马林的机警，我们就会被一网打尽。”由于会场遭到法租界巡捕的搜查，最后一天的会议转移到浙江嘉兴南湖的一艘游船上继续举行。马林因为是外国人，容易引起别人的注意，就没有出席最后一次会议。

在搜查过程中为什么法国巡捕特别注意两个外国人呢？问题就出在大嗓门马林身上。马林曾在荷属东印度（今印度尼西亚）因从事革命活动而被殖民地当局驱逐出境。荷兰安全部门已经把他列入“黑名单”，对他的行踪特别注意。1921年4月，他奉命担任共产国际代表，离开莫斯科来上海。当他途经维也纳时，当地警察局从他的签证上得知他的目的地，就及时报告给奥地利和荷兰驻北京的公使馆。马林向奥地利政府当局领取来中国的签证时，被拘留6天，后来在朋友和律师的帮助下才获释。他被维也纳警察局驱逐出境，并被吊销了护照。奥地利政府还与他打算路过和要去的国家和地方联系，要这些国家和地方当局密切注意马林的动向。马林几乎是落荒而逃。他登上了一条名为“阿奎利亚号”的远洋船，开始了东方之旅。荷兰当局得知马林可能到上海，立即通知荷兰驻上海总领事馆，要他们监视马林的行动。帝国主义当局从他到达上海起就对他进行严密监视。在上海，为了安全起见，马林使用了一个化名叫安德烈森，下榻于南京路东方饭店，后又住进麦根路（现淮海路）32号公寓。期间，荷兰驻沪总领事丹尼尔斯叫马林去登记，这样他就处于一种半公开的状况下。过了没几天，他又转移到汇山路（现霍山路）俄国人里亚赞诺夫家居住。但是马林仍然没有摆脱租界当局对他的严密监视。由此可见，马林的行踪早已暴露，他到望志路开会，必然会引来租界巡捕。7月23日，中共一大开幕时，他出席了会议并慷慨激昂地讲话。7月30日继续开会时，他又去参加，终于引来了法国巡捕房的密探以及之后的搜查事件。

（陈列部副主任、馆员　吴凡）

# 拨开半个世纪的迷雾

## ——尼克尔斯基生平之谜

1921年6月，一位俄国人风尘仆仆地从苏联赶到上海，一个月之后，他匆匆地走进上海望志路106号，出席了中国共产党第一次全国代表大会并做了重要发言。之后的半个世纪里，他就如同迷雾般消失得无影无踪。他是谁？他就是曾出席中共一大的共产国际代表——尼克尔斯基。

熟悉中共党史的人都知道：中共一大共有15个参加者，国内出席者13人，还有两位共产国际的代表：马林和尼克尔斯基。

然而在2007年之前，这15人中，14人的履历、照片和生平故事都一清二楚，唯有尼克尔斯基，他的经历是个谜、他的模样更是个谜。在中共一大会址的展厅里，关于尼克尔斯基的介绍只有寥寥几句，没有照片，留下了一个遗憾的空白。

尼克尔斯基

这块空白一直是中共一大会址纪念馆的“心病”，因此解谜的努力也从未间断。20世纪80年代，曾通过外交途径，致信当时的苏共中央总书记戈尔巴乔夫，请求帮助寻找。这一信息引起了苏联有关方面的关注。

俄罗斯著名中国问题专家、俄罗斯科学院远东研究所女研究员卡尔图诺娃毅然接过了这项“解谜”工作。可是，尽管她多方努力，却一直没有重大突破。直到近年，卡尔图诺娃在俄罗斯联邦安全局中央档案馆的帮助下，终于揭开了尼氏的传奇经历。

Сов. секретно.
ОБЪЕДИНЕННОЕ ГОСУДАРСТВЕННОЕ ПОЛИТИЧЕСКОЕ УПРАВЛЕНИЕ
при Совнаркоме СССР.
Полномочное Представительство
ОГПУ по ДВК.
Хабаровск.
ОТДЕЛ КАДРОВ
ЛИЧНОЕ ДЕЛО №
Фамилия
Имя
Отчество
Начато 193 г.
Окончено 193 г.
На листах
Архивный № 10759

尼克尔斯基档案

原来，“尼克尔斯基”是军人出身的弗拉基米尔·涅伊曼·阿勃拉莫维奇的化名。1921年6月，他作为共产国际远东书记处的代表来到上海，与另一位共产国际代表马林会合，之后参加了中共一大。1938年，他因莫须有的“间谍罪”被捕，很快便被枪决。1956年，苏联最高法院军事委员会为他平反昭雪。尽管尼克尔斯基的生平渐渐浮出水面，但是，因为找不到照片，他的面貌仍然模糊不清。

2007年6月29日，一个闷热的黄梅天，一位来自俄罗斯的参观者、远东国立大学历史学教授阿列克赛·布亚科夫，要求面见一大会址纪念馆的领导，他声称手头持有尼克尔斯基的照片。馆长闻讯又惊又喜，一路小跑着来见这位特殊客人……中共党史界找了半个世纪的照片，这位俄国教授怎么会有？他又是如何找到的呢？

这还得从2006年阿列克赛初到一大会址参观说起。当时，同胞尼克尔斯基留下的那片“空白”给他带来某种震撼，他决定要把尼氏照片送还给中国。

回国之后，阿列克赛先后向尼克尔斯基工作过的数个边疆地区的档案馆致函查询，均无所获。强烈的责任心令他辗转反侧。一

2007年7月1日，中共一大会址纪念馆馆长倪兴祥（右一）、副馆长张小红（左一）、翻译王利亚（左二）与俄罗斯学者阿列克赛（右二）在中共一大会址纪念馆门口合影。

段时间里，这位执著的俄国教授几乎是每天泡在与尼氏可能有关的档案馆里，从浩如烟海的故纸堆中一本一本地查找、一页一页地翻阅，可照片还是一无所获。就在绝望之际，阿列克赛曾寄出征询信的鄂木斯克州档案馆传来了喜讯。

档案馆的回函是一张光盘，光盘中有两张照片：一张是尼氏人事档案封面，另一张是带有尼氏本人头像的履历表。此外还有几十页文字资料，尼克尔斯基的本名与化名均有明确记录，其自传中还披露自己去过上海工作。

这一发现令阿列克赛如获至宝，他兴奋得彻夜难眠，赶紧收拾行囊，奔赴上海……

深谙史学研究方法的一大馆长在激动之余又有一丝担心：阿列克赛提供的真的是尼克尔斯基吗？会不会因为是孤证，而不被史学界采信呢？

想不到，时隔两个月，“孤证”便不孤了。蒙古国研究共产国际

2007年9月11日，中共一大会址纪念馆副馆长张小红（右）与蒙古学者达西达瓦教授在一大会址内合影。

历史的著名学者达西达瓦也声称找到了尼克尔斯基的照片，可与阿列克赛提供的照片对照判断。经比对，在蒙古学者提供的两张照片中，有一张与阿列克赛提供的完全一样，另一张是新发现的，是尼克尔斯基在20世纪20年代的英姿，这张照片的拍摄时间离他出席中共一大的时间更近。

这个历史的悬念终于解开了！那片长达半个多世纪的历史迷雾被轻轻拨开，那个让人叹息的醒目的空白已不复存在。如今一大会址纪念馆把尼克尔斯基的照片悬挂在第十五块空白处。至此，中国共产党的创建史更加完整了。而这位化名为“尼克尔斯基”的共产国际的代表，以深邃的目光、和蔼的微笑，正向着我们缓缓走来。

（宣教部主任、馆员　杨宇）

中国共产党第一次全国代表大会会址纪念馆

# 第三部分

# 珍贵文物钩沉

# 新文化运动的旗帜——《新青年》

如果说陈独秀是中国新文化运动的总司令，那么《新青年》无疑就是新文化运动的旗帜。

陈独秀，中国共产党的创建人和早期领导人之一。原名庆同，字仲甫。生于1879年10月9日，1942年5月27日卒于四川江津。安徽怀宁（今安庆）人。早年参加县试、乡试，由于认识到科举制度的腐败，一度拥护戊戌变法。1901年以后，三次留学日本。与张继、苏曼殊等组织革命团体青年会。1903年参加拒俄运动，之后又襄助章士钊主编报纸，宣传排满革命思想。1904年创办《安徽俗话报》，传播爱国民主思想和科学知识。1905年在安徽与柏文蔚等组织岳王会，联络大批革命志士，为同盟会在安徽的发展打下基础。武昌起义前后，在杭州活动，曾起草革命檄文多篇。之后回安徽，先后任孙毓筠、柏文蔚都督府秘书长，大力改革官僚政治。

陈独秀

1913年孙中山等革命党人领导的“二次革命”失败后，中国的时局变化使陈独秀深受刺激，他认为在中国搞政治革命没有意义，而欲“救中国、建共和，首先得进行思想革命”。

经过努力，1915年9月15日，由陈独秀主编的《新青年》在上海创刊，初名为《青年杂志》。《青年杂志》是综合性的文化月刊，由上海群益书社印行，每6期为一卷。

《青年杂志》封面

《新青年》是一本在20世纪20年代的中国具有重要影响力的革命杂志，该杂志发起新文化运动，并且宣传倡导科学（“赛先生”，Science）、民主（“德先生”，Democracy）和新文学。陈独秀所写的发刊词《敬告青年》开宗明义地指出“人权说”“生物进化论”“社会主义”这三件事是近代文明的特征，要实现社会改革的这三件事，关键在于新一代青年的自身觉悟和观念更新。他勉励青年崇尚自由、进步、科学，要有世界眼光，要讲求实行和进取。他总结近代欧洲强盛的原因，认为人权和科学是推动社会历史前进的两个车轮。

1916年1月，群益书社接到上海基督教青年会来信，信上说该杂志同青年会杂志《青年》《上海青年》同名，要求《青年杂志》改名。于是自第二卷起，《青年杂志》改为《新青年》。最初的撰稿人有陈独秀、高一涵、刘文典、刘半农、易白沙、吴虞，陈独秀为主编。

1917年1月，陈独秀应邀担任北京大学文科学长，《新青年》编辑部随之迁到北京，办公地点在东华门外箭杆胡同，但印刷地点仍在上海。此时编委会经过改组，由李大钊、钱玄同、刘半农、胡适、沈尹默、高一涵、周作人（鲁迅大弟）轮流编辑，不久鲁迅也加

上海《新青年》编辑部旧址（今南昌路100弄2号）

入到编辑队伍当中。

1918年1月，《新青年》从第4卷第1号起实行改版，改为白话文，使用新式标点。《新青年》的这一举动带动了其他刊物，从而形成了一个提倡白话文的运动。

1919年6月，陈独秀到北京城南新世界游乐场散发《北京市民宣言》，遭北洋政府逮捕。此时，胡适在中国思想界挑起“问题与主义”的论争，反对社会革命，并想自己一个人来主编《新青年》月刊，其目的是为了改变《新青年》月刊日益激进的面目，为此遭到鲁迅的极力反对。同年9月中旬，陈独秀出狱后，就召开刊物编辑人会议，会上大家同意鲁迅的意见，即《新青年》月刊仍由陈独秀一个人主编。于是从1919年12月1日第7卷第1号起，《新青年》月刊就由陈独秀主编。

1920年2月中旬，陈独秀为了摆脱警察的追捕，从北京来到上海，居住在法租界环龙路老渔阳里2号(今南昌路100弄2号)，《新青年》编辑部也从北京转移到上海，但仍保留北京编辑部。

十月革命后，《新青年》不仅成为五四运动的号角，而且成为宣传马列主义、宣传反帝反封建思想的阵地。1920年5月1日，《新青年》第7卷第6号出版《劳动节纪念号》。发表蔡元培“劳工神圣”的题词、孙中山“天下为公”的题词和李大钊的《“五一”运动史》、陈独秀的《上海厚生纱厂湖南女工问题》等文章，同时还登载了《旅法华工工会简章》及唐山、山西、长江等地的劳动状况调查。

《新青年》杂志封面

1920年末胡适提出《新青年》应“声明不谈政治”，遭到了陈独秀、李大钊、鲁迅等人的反对。实际上从第8卷第1号（1920年9月1日）起，《新青年》已经成为上海共产党早期组织公开出版的机关刊物，自该年下半年到1921年7月中国共产党成立之前，《新青年》刊登的关于马克思主义、十月革命和中国工人运动的文章多达130余篇。《新青年》成为中共上海发起组宣传马克思主义的重要思想阵地。

1920年年底，陈独秀应陈炯明之邀前往广州任职。杂志社迁到广州继续出版。1921年9月，陈独秀由广州回到上海，主持中共中央工作，《新青年》也随之迁回上海。10月4日下午，法租界巡捕房查抄了《新青年》编辑部，拘押了陈独秀等人，后经马林、孙中山等营救，陈独秀等人被保释。《新青年》一度停出。以后随着新文化统一战线的分化，《新青年》杂志于1922年7月，出至第9卷第6号停刊。

1923年6月《新青年》恢复出版，改为季刊，成为中共中央正式理论性机关刊物。1925年4月起出不定期刊，共出5期，1926年7月最终停刊。后期的《新青年》介绍了大量马列主义著作和国际无产阶级革命运动的经验。

《新青年》刊行于中国旧民主主义革命末尾到新民主主义革命开端的重要历史转折时期。在五四运动前后，以鼓吹民主、科学，提倡新文学为主要内容，曾刊载鲁迅的短篇小说《狂人日记》《孔乙己》《药》，李大钊的论文《庶民的胜利》《Bolshevism主义的胜利》，陈独秀的论文《新青年罪案之答辩书》等。在宣传马克思主义、反对封建伦理道德、呼唤人性的觉醒等方面发挥了积极的作用，在当时产生了巨大的影响，无愧于新文化运动的旗帜。

（副馆长、研究馆员　徐云根）

# 最早刊载十月革命消息的《民国日报》

1917年俄国爆发了震惊世界的十月革命。俄国无产阶级在以列宁为首的布尔什维克的领导下发动了武装起义，推翻资产阶级统治，建立了苏维埃政权。十月革命使俄国第一次成功建立了社会主义制度的国家，这是无产阶级政党领导的第一次取得完全胜利的社会主义革命，是人类历史上一次意义重大的变革。毛泽东曾经评价道："十月革命一声炮响，给我们送来了马克思列宁主义。十月革命帮助了全世界的也帮助了中国的知识分子，用无产阶级的宇宙观作为观察国家命运的工具，重新考虑自己的问题。走俄国人的路——这就是结论。"可见，十月革命对当时的中国产生了重大的影响。那么十月革命的消息又是如何传到中国的呢？

反映十月革命的油画

《民国日报》是中国国内最早报道十月革命的一份报纸。1917年11月10日，十月革命爆发后的第三天,《民国日报》即以《突如其来的俄国大政变》的醒目标题,报道了革命的消息。消息称“彼得格勒戍军与劳动社会已推倒克伦斯基政府”,“美克齐美尔(即‘过激主义’)党占据都城”,并指出“主谋者为里林氏(即列宁)”。次日,该报又在显要版面登载了《俄国大政变之情形》的报道,进一步介绍十月革命的情况。之后,上海及外地其他报纸也陆续对此作了报道和介绍。虽然当时的北洋政府视布尔什维克为“过激派”“洪水猛兽”,严禁“过激主义”的传播,但《民国日报》还是最早且毫不吝啬地给予十月革命以赞颂,使国人及时地对十月革命情况有所了解,在黑暗中看到了黎明的曙光。

《民国日报》于1916年1月22日创刊于上海,是中华革命党在国内的主要言论阵地,设有编辑、营业、总务等部。该报创始人是中华革命党总务部长陈其美,主编为叶楚伧、邵力子,主要撰稿人有戴季陶、沈玄庐等。《民国日报》创刊伊始即树立了反袁护法,反对北洋军阀封建统治的鲜明旗帜。正如其发刊词所称:“发扬民国之精神,延长民国之寿算,除民国之恶魔,此民国日报之所由作也。”该报除刊载全国各地讨袁斗争的消息外,还设有《来电》《专论》《要电》《时评》《快风》等专栏。1919年,当震惊中外的

民國日報
要聞
突如其來之俄國大政變
北京政府之命令

《民国日报》刊登十月革命消息

“五四”爱国运动爆发后，《民国日报》再次成为上海传导五四运动的先声。

五四运动爆发后，《民国日报》创办了《觉悟》副刊，由邵力子主编，陈望道助编。它与半年后由周恩来在天津主编创刊的《觉悟》月刊，可谓不谋同名而合，南北齐名辉映。说明了“觉悟”这一新词已成为时代的迫切需要。

覺悟
民國日報
中華民國十年三月念五日
第四張
評論
祝賀上海勞工界底弟兄
講演
社會結構學

《民国日报》副刊《觉悟》

《觉悟》副刊以支持新文化运动，宣传马列主义为主要内容，被推为“五四”时期的四大报纸副刊之一。从1919年五四运动到1925年五卅运动的6年内，《觉悟》刊登了大量介绍马列主义和社会主义革命的专论，还以显著的位置和优先的篇幅刊登当时一批共产党人的文章。当时李大钊、陈独秀、瞿秋白、李达、李汉俊、恽代英、陈望道、沈雁冰、沈泽民、萧楚女、向警予、包惠僧、刘仁静、张闻天、张太雷、方志敏、蒋光慈、任弼时、杨贤江、陈毅、罗章龙、沈玄庐、杨之华等都是《觉悟》的撰稿人。身为主编的邵力子本人在《觉悟》上也发表了约950篇文章，其中论述马列主义的文章有《提倡社会主义绝不是好奇》《布尔什维克有真相》《共产与公德》《主义与时代》《马克思的思想》《救中国的对症良药》《读苏维埃俄罗斯代表加拉罕氏宣言》等。邵力子曾在报纸上指出：“社会主义已有弥漫一时的现象，这绝非单为好奇喜新的心理所促成，实在是时代潮流中已有需要这种主义的征兆。”由此可见，上海《民国日报》首载十月革命消

邵力子

息并不是偶然的。

邵力子，初名景奎，又名凤寿，字仲辉，笔名力子，绍兴陶堰邵家溇人。近代著名民主人士，社会活动家，著名政治家、教育家。1920年5月，邵力子与陈独秀等人在上海发起建立马克思主义研究会。同年8月，邵力子以中国国民党党员的身份跨党参加中共上海发起组，成了一名特殊的中共党员。他特殊的身份背景使得《民国日报》为传播十月革命和广泛宣传社会主义、马列主义理论做出了重大的贡献。

从1916年创刊至1925年，上海《国民日报》在反对封建主义、提倡新思想新文化、宣传马列主义、倡导工人运动上起到了积极的作用。西山会议后，《民国日报》转为国民党右派的报纸。1932年停刊。不久改为《民报》重新出版，1938年因上海沦陷停刊。1945年抗日战争胜利后，以原名复刊。1949年停刊。

（办公室馆员　吴宁宁）

# 共产主义的细胞——《星期评论》

《星期评论》是在1919年5月中旬发起创办的。1919年五四运动爆发后，当时正在上海的孙中山及追随他的国民党人对北京波澜壮阔的学生运动极其震撼。他们看到了学生和工商界联合行动推动了运动迅猛发展，看到了民众中所蕴含的巨大力量，认为这些都是受了新思想的鼓荡陶镕而带来的变化。第一次护法战争失败后，孙中山已经意识到思想革命的势力高过一切，决定要将“表示吾党根本之主张于全国，使国民有普遍之觉悟”作为当前的主要任务。正是在这样的背景下，孙中山指派戴季陶等人创办了以“创造和改造世界”为宗旨的时事理论性的刊物《星期评论》。

1919年6月8日《星期评论》创刊。刊式和体裁类似北京陈独秀、李大钊主编的《每周评论》。主要编辑人员戴季陶、沈玄庐、李汉俊都是国民党中思想比较激进的分子。戴季陶很早就开始关注国际社会主义运动和工人运动问题，李汉俊在日本留学时就开始学习并研究马克思主义，由于他们鲜明的政治倾向，使得《星期评论》

戴季陶

沈玄庐

言论日益左倾，其主要表现是对苏俄政府越来越同情，对马克思主义和社会主义的正面宣传逐步增加。1920年元旦，《星期评论》发表新年词《红色的新年》，文中说从北极下来的新潮“拥着无数的锤儿锄儿，直要锤匀了锄光了世间的不平不公”，并期望“一霎时遍地都红”。不久又准备翻译连载《共产党宣言》。5月1日，《星期评论》发行《劳动纪念号》增刊，全部刊载宣传马克思主义和研究工人运动的文章。

由于《星期评论》着力宣传社会主义思想，使其在社会上的影响，特别是对先进知识分子的影响也日渐扩大。《星期评论》发行量达十多万份，声名与《每周评论》相当，被誉为“舆论界中最亮的两颗明星”。江浙等地很多学生慕名来上海《星期评论》社，找负责人戴季陶、沈玄庐等寻求指导。《星期评论》编辑部成员还有邵力子、陈望道、沈仲九、刘大白、丁宝林、杨之华、陈公培（吴明）、俞秀松、施存统等人，他们大多是具有社会主义、无政府主义思想倾向的报刊编辑、教师、学生。他们住在社里，人人平等，人人劳

星期評論

歡迎投稿

發刊詞

國民自給與國民自決

《星期评论》发刊词

动，所有工作都一起做。俞秀松、施存统原是参加北京工读互助团的，该团解散后李大钊介绍他们来上海《星期评论》社。俞秀松不久又经戴季陶安排到上海厚生铁工厂做工，尝试做实际的工人运动工作。

1920年3月，陈独秀为躲避北洋政府迫害来到上海，不久即与星期评论社的成员相见。他们思想意识接近，来往十分密切，并一起参加向工人宣传革命思想的活动。1920年4月，俄共远东局的代表维经斯基经李大钊介绍来上海找陈独秀，要他帮助联系中国的社会主义者。陈独秀介绍维经斯基与星期评论社成员会面并座谈。几经接触，维经斯基认为上海是中国宣传社会主义的中心，并且存在社会主义者群体，便要陈独秀组织成立共产主义组织。

1920年6月，陈独秀与星期评论社成员经两次讨论，同意成立共产主义组织。由于当时这些人并未真正了解马克思主义政党理论，所以起初称组织为“社会共产党”，陈独秀也在自己的文章中自称“社会党”。直到两个月后才最后定名为“共产党”。我们现在一般称之为“共产党早期组织”。

上海星期评论社旧址（今西门路163弄17号）

一开始参加上海共产党早期组织的除陈独秀外，几乎全部是星期评论社成员。该社主要负责人戴季陶也是上海共产党早期组织的发起人，还参与起草了党的纲领，但他遭到孙中山的责备，不得已退出组织。退出时大哭一场，表示一定从旁帮助中

五月一日 星期評論 四十八號

勞動日紀念

勞動世界歌

《星期评论》(劳动日纪念号)

共早期组织。沈仲九、刘大白因思想倾向于无政府主义，不久也退出了共产党早期组织。沈玄庐、陈望道、邵力子、施存统、俞秀松等都是中共早期的重要成员。沈玄庐不久到广州与陈独秀一起重组广州共产党早期组织，他也是中共早期农民运动的开创者；陈望道担任过中共上海地方委员会书记；俞秀松参加了发起成立上海社会主义青年团并任团的书记；施存统参加上海共产党发起组后第二天就去了日本，并组织了旅日中共早期组织，以后也担任过团中央的主要负责人。

由于星期评论社与中共的创建有着密切关系，所以中共早期领导人多次高度评价了该社的地位。瞿秋白曾说《星期评论》是产生中共的“细胞”。

（研究室主任、研究馆员　信洪林）

# 工人的喉舌——《劳动界》

中国近代产业工人长期受着中外资本家的剥削和压迫，过着牛马般的生活。1917年俄国十月革命的一声炮响震动全球，为中国带来了马克思主义。此时正值中国新文化运动如火如荼之际，1919年五四运动的爆发将革命热情推向了高潮，中国工人阶级开始以独立的政治力量登上历史舞台。他们迫切需要为他们说话的刊物、代表他们利益的工会和指引他们解放的工人阶级政党。1920年6月，陈独秀负责的中共上海发起组成立，对工人运动做的第一件事就是办《劳动界》周刊。周刊于1920年8月15日创办，32开本，每期16页，铅字竖排，1921年1月23日出版第24期后停刊。它是一本面向普通劳动工人的通俗刊物，比中国共产党的第一份党刊《共产党》月刊的创办早了近3个月，为中国共产党的筹备和建立做出了重要贡献。

勞動界

第一冊

九年八月十五日

七日一冊 每星期日出版 每冊銅子二枚

總經售處上海法界大自鳴鐘對面新青年社

演說

兩個工人的疑問

陳獨秀

勞働是什麼？就是做工。勞働者是什麼？就是做工的人。勞働力是什麼？就是人工。世界上若是沒有人工，全靠天然生出來的糧食，我們早已餓死了。而且把糧食收下來和運到別的地方，也都非人工不行。地下生長的許多有用的礦產，更非用人工去開採，不會自己出來的。磚瓦不用說是人工做成的，木料生在山上，不用人工砍伐搬運，他自己也不會跑到磚瓦一塊，自然替我們湊成功一個房屋。我們穿的衣服，自從種棉養蠶以至紡紗繅絲織成布疋，那一樣離得了人工？總而言之我們吃的糧食，住的房屋，穿的衣裳，都全是人工做出來的，單靠天然的原料是不行的。人工如此重要，所以有人說什麼『勞工

—1—

《劳动界》周刊封面

创刊号的《演说》栏目首篇刊登了陈独秀的署名文章《两个工人的疑问》，文章提出了“劳动是什么？”“劳动者是什么？”“我们为什么要劳动？”等一系列

问题，并用最朴素的语言回答道：劳动“就是做工”，劳动者“就是做工的人”，劳动“是因为不做工不劳动，便没有粮食吃，没有屋住，没有衣穿”。文章还指出了不劳而获的现象，尖锐地提出“有许多人不劳一点力不做一点工……还要把出力做工的人压在脚底下不当人看待，这又是什么缘故呢？”引发读者的思考，用最直白浅显的道理对工人进行了阶级意识启蒙。那么，为什么要办《劳动界》杂志？在《劳动界》创刊号上一篇名为《为什么要印这个报》（署名：汉俊）的文章也说得很清楚：“为什么要印这个报？因为工人在世界上是最苦的……他们是住的没有好地方住，吃的没有好的吃，穿的没有好的穿……工人受苦挨饿受冻，而有钱的东家呢？一天到黑一点事情也不做……他们虽然这样一天到黑一点事不做，他们反有大房子住，好东西吃，好衣服穿，有马车坐，有小老婆抱，有大世界逛，有戏看……工人在世界上已经是最苦的，而我们中国的工人比外国的工人还要苦，这是什么道理呢？就是因为外国工人略微晓得他们应该晓得的事情，我们中国工人不晓得他们应该晓得的事情。我们正是这个报，就是要教我们中国工人晓得他们应该晓得他们的事情。我们中国工人晓得他们应该晓得他们的事情了，或者将来苦得要比现在好一点。”这一段文字极浅显易懂，所列事实贴近工人生活，话都说到了劳动者心坎里，一读就能引起广泛共鸣。这两篇文章不仅向广大读者阐明了刊物的宗旨，而且贯彻了办刊理念，确定了平实易懂、贴近生活的办刊风格。

中共早期组织创办的第一个刊物之所以取名《劳动界》，说明创办者们的直接目的是为了争取广大的工人和农民，唤起他们的团结和斗争精神。创办者们注意到了中国工人阶级总体文化水平非常低的特点，因而刊物语言非常口语化，基本上不见华丽的辞藻。即使在灌输马克思主义的基本原理时，也尽量不用专业词语和学术语言，而是通过列举工人们日常生活和劳动中经常接触到的一些实际例子来讲清问题的实质，这一特点从创刊号上陈、李两位编辑的撰文均可看出。

《劳动界》刊登的漫画

1920年8月，读者幕凝花了铜子二枚买了《劳动界》的第2册，当他读到陈望道撰写的《平安》一文时，产生了触动，随即萌发了给《劳动界》写感想的想法。一周后《劳动界》第3册的“读者投稿”栏目即收到了幕凝写的《读陈望道先生〈平安〉的感想》一文。幕凝在文中说：“我读了陈望道先生那篇《平安》，也不晓得发生了多少感想。因为我们的生活，没有一时一刻不在“平安”这两个字的反面进行……我的商店里，越不做事的人，他的出息反而越大；推而至于老板，或经理，有好些竟至一点事也不做，现现成成地拿比我们多好些倍数的工钱……他们总是到‘什么馆’‘什么馆’里去饱餐几顿；我们一年到头，都是吃那碗忍着一肚皮气换来的粗菜饭……这都算‘平安’吗？”担任《劳动界》杂志编委的陈望道在看到这篇读者来稿后非常高兴，他在文末的“附记”中写道：“前期我匆匆忙忙地做了一篇，居然引出这么一篇写实的鸣苦的文字，足见悲苦已极，解决的时期就在眼前了。我们都很欢喜。”接着他又说，但我那篇结尾，有“我们向那里去找‘平安’”一句话，其中“那里”两字很重要，还希望大家注意。陈望道巧妙地通过“附记”再次点了《平安》一文的主题是劳动者要通过斗争才能取得所需要的“平安”。

《劳动界》在上海出版后，引起强烈反响。张国焘回忆，北京共产党早期组织一次开会时，“上海小组所创办的《劳动者(界)》周

《劳动音》周刊封面

《劳动者》周刊封面

刊已经出版，我们在会场上将创刊号发给大家看，这也是使会议生色的一件事”。不久，广州、北京两地仿照《劳动界》，分别出版了《劳动者》和《劳动音》。

《劳动界》不仅宣传革命道理，介绍劳动运动状况，还注意反映上海共产党早期组织的活动，刊载上海机器工会发起会、上海工人游艺会成立大会、上海早期组织成员支持筹办店员周刊、1920年上海劳动运动大事记等消息与资料。工人来信给该刊，称赞该刊是“做我们工人的喉舌，救我们工人的明星”。

目前，除了中共一大会址纪念馆存有《劳动界》1~10册、16~24册原件（国家一级文物）外，社会上尚存有多少不得而知。《劳动界》虽然存期仅短短6个月，一共才出了24册，却为1921年中国共产党成立前宣传和发动工人群众、制造舆论，创造了基本的条件。

（宣教部讲解员、馆员　沈蔚）

# 中共第一个党刊——《共产党》

信步我馆陈列室的橱窗前，也许您并不会留意到有这样一本纸张已经泛黄的刊物。然而，就是这本看似寻常的刊物，在93年前的旧中国，却宛如一盏指路明灯，给中国共产主义者照亮了向社会主义、共产主义前进的道路。它，就是我今天要向各位介绍的这本《共产党》月刊。

让我们一起追溯到1920年的中国。那时，俄国十月革命的胜利促使中国先进的革命青年热忱地向往社会主义思潮——马克思主义学说。特别是其后中国共产主义者的早期组织在各地相继形成，大家迫切需要一个向各地共产主义者传播马列、宣传建党学说、介绍十月革命经验和国际共产主义运动发展情况的党刊。时代在召唤，人民在诉求，就在这个时候，1920年11月7日，即俄国十月革命三周年纪念之日，由上海共产党早期组织创办的中国共产党第一个党刊《共产党》月刊应运而生了。

THE COMMUNIST
共產黨
每月一次
七日出版
第一號　一九二〇年十一月七日　實價一角

《共产党》月刊第1号

新生事物总是会遇到种种

李 达

挫折，月刊的出版也同样不是一帆风顺的。刊物的主编李达同志是在十分险恶的环境下主编《共产党》月刊的。当时的反动当局严禁“过激主义”言论，追查“共产主义宣传”，像《共产党》月刊这样的刊物自然是要受查禁的。因而，编辑部的处所，刊物的印刷、发行都是极其机密的，文章也不能署真名。

《共产党》月刊的编辑部一直设在李达的寓所，最先在老渔阳里2号（今南昌路100弄2号），后来李达搬往辅德里625号（今成都北路7弄3号），编辑部也随之迁来，设在不到6平方米的一个简陋亭子间里。

尽管如此，不幸的事情还是发生了。正当月刊第三期即将付印出版时，法国巡捕房突然派密探来干扰，致使这期中的首篇文章失去了原文。现在留下的那期有一页空白就是因此而“开天窗”的，此页印着“此面被上海法捕房没收去了”一行醒目的大字。敌人的破坏并没有吓倒上海共产党早期组织成员，也没有能够中断他们的建党活动，更没有使这盏指路明灯失去光芒。

创办初期，经费筹措困难，这意味着刊物可能因此被迫终止。当时，编辑部的成员都是上海共产党早期组织成员，大多担任教师、编辑等社会职业，只能靠微薄的薪水勉强维持生活。没有钱怎么办？李达和在商务印书馆当编辑的沈雁冰商量，由月刊社成员写稿子卖给商务印书馆，以稿酬作为运营经费，这才解了燃眉之急。正是在同志们以建党为己任，同甘共苦、齐心协力的努力下，才保证了月刊的继续顺利出版。

应该说，他们的条件是艰苦的、物质是贫乏的、环境是恶劣的，然而，他们的思想是进步的、意志是坚定的、精神是崇高的。

月刊上不少珍贵的译文，为早期共产主义者了解马列和共产党的知识，以及从事建党活动，提供了宝贵的精神财富和理论武器，就连许多译者自己也从中受到很多教益。在回忆为《共产党》月刊译文时，茅盾这样说："通过这些翻译活动，我算是初步懂得了共产主义是什么，共产党的纲领和内部组织是怎样的……"育人育己，教学相长，由此可见一斑。

《共产党》月刊的出版适应了建党的迫切需要，受到各地共产党早期组织的热烈欢迎，流传至广，影响至深，甚至远在海外勤工学生也将其作为不可或缺的读物，并在革命分子中广泛流传，从1920年11月7日创刊，至1921年7月党的一大后停刊，共出版6期，最高发行量达到5000份。当时，由于共产国际代表马林认为《共产党》月刊和《新青年》在内容上有所重复，建议两刊合并，代之以一份新的周报。自此，《共产党》月刊停刊。尽管月刊存在时间不长，但对党建工作，对传播马列主义的建党学说起了非常重要的作用，毛泽东同志高度赞扬月刊不愧为"旗帜鲜明"四个大字。

1961年该刊由上海历史与建设博物馆调存本馆，现为馆藏国家一级革命文物。

今天，大家眼前的这本《共产党》早已不再是什么机密了，正静静地躺在我馆二楼陈列室的一角，可是瞻仰一大会址的广大党员和各界群众却经常在它面前驻足、凝思，仿佛可以从中感悟到什么……

《共产党》月刊在中国树起了第一面共产主义的鲜艳旗帜，喊出了"共产党万岁"响彻云霄的口号。它是一份闪耀着革命光辉的刊物，在建党的关键时刻，对于统一思想发挥了极其重要的作用，对于党的诞生立下了不朽的功勋，对于党的创建做出了不可磨灭的贡献，光昭后世，是永远值得纪念的。

（宣教部讲解员、助理馆员　张洁）

# 海外惊现中共第一个纲领和决议

中共一大会议一共产生了《中国共产党第一个纲领》《中国共产党第一个决议》和《中国共产党第一次代表大会》三个文件，但这三个文件的中文原件无人知晓留存于何处。我们现在所见到的这三个文件，最早见于1957年苏联共产党移交给中共中央的“共产国际中共代表团档案”中的俄文译件。《中国共产党第一个决议》是开展组织工人工作和党的工作的原则，《中国共产党第一次代表大会》是向共产国际汇报一大会议，这两个文件现在没有什么可争议的。而《中国共产党第一个纲领》则有些使人疑惑

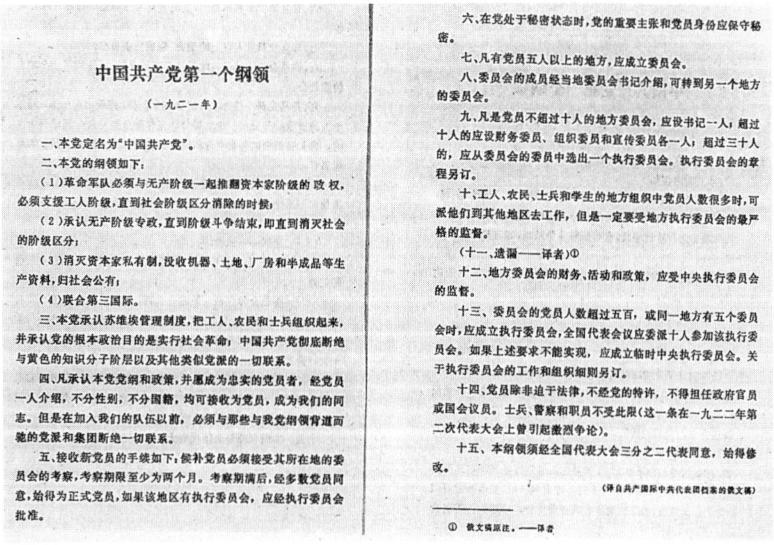
中国共产党第一个纲领

（一九二一年）

一、本党定名为“中国共产党”。

二、本党的纲领如下：

（1）革命军队必须与无产阶级一起推翻资本家阶级的政权，必须支援工人阶级，直到社会阶级区分消除的时候；

（2）承认无产阶级专政，直到阶级斗争结束，即直到消灭社会的阶级区分；

（3）消灭资本家私有制，没收机器、土地、厂房和半成品等生产资料，归社会公有；

（4）联合第三国际。

三、本党承认苏维埃管理制度，把工人、农民和士兵组织起来，并承认党的根本政治目的是实行社会革命；中国共产党彻底断绝与黄色的知识分子阶层以及其他类似党派的一切联系。

四、凡承认本党党纲和政策，并愿成为忠实的党员者，经党员一人介绍，不分性别，不分国籍，均可接收为党员，成为我们的同志。但是在加入我们的队伍以前，必须与那些与我党纲领背道而驰的党派和集团断绝一切联系。

五、接收新党员的手续如下：候补党员必须接受其所在地的委员会的考察，考察期限至少为两个月。考察期满后，经多数党员同意，始得为正式党员，如果该地区有执行委员会，应经执行委员会批准。

六、在党处于秘密状态时，党的重要主张和党员身份应保守秘密。

七、凡有党员五人以上的地方，应成立委员会。

八、委员会的成员经当地委员会书记介绍，可转到另一个地方的委员会。

九、凡是党员不超过十人的地方委员会，应设书记一人；超过十人的应设财务委员、组织委员和宣传委员各一人；超过三十人的，应从委员会的委员中选出一个执行委员会。执行委员会的章程另订。

十、工人、农民、士兵和学生的地方组织中党员人数很多时，可派他们到其他地区去工作，但是一定要受地方执行委员会的最严格的监督。

（十一、遗漏——译者）①

十二、地方委员会的财务、活动和政策，应受中央执行委员会的监督。

十三、委员会的党员人数超过五百，或同一地方有五个委员会时，应成立执行委员会，全国代表会议应委派十人参加该执行委员会。如果上述要求不能实现，应成立临时中央执行委员会。关于执行委员会的工作和组织细则另订。

十四、党员除非迫于法律，不经党的特许，不得担任政府官员或国会议员。士兵、警察和职员不受此限（这一条在一九二二年第二次代表大会上曾引起激烈争论）。

十五、本纲领须经全国代表大会三分之二代表同意，始得修改。

（译自共产国际中共代表团档案的俄文稿）

① 俄文稿原注。——译者

《中国共产党第一个党纲》

的问题。

《中国共产党第一个纲领》实际上类似以后党代会制定的党章。《纲领》共有十五项条款，其中第十一条缺失而不为人所知。纲领的第一条“定名”和第二条“我们党的纲领”相当于以后党章的“总纲”。其余的内容大都是组织机构的设置和党员权利义务的规定。

《第一个纲领》的第十四条规定未经党的同意，党员不能担任政府官员或国会议员。这条在一大会议讨论中曾引起争议，后来多位一大代表对此作了回忆，而使人疑惑之处也在于此。俄文版《纲领》在这条下有个注释："这一条在1922年第二次代表大会上曾引起过激烈的争论。"这个注释不禁让人起疑：1921年夏的会议文件怎会知道发生在1922年夏会议上的争论？难道这个文件并非一大会议制定的文件，抑或是俄文译者自己加上去的？

1979年来自美国的一则信息将谜团澄清了。原来在1960年，纽约哥伦比亚大学的中国史教授韦慕庭（C.Martin Wilbur）发现了中共一大代表陈公博在1924年1月撰写的硕士论文《共产主义运动在中国》。

1922年冬，被中共开除后的陈公博得到汪精卫的资助，赴美国哥伦比亚大学留学至1925年回国。陈公博的硕士论文用英文打字机打印，其重要性不仅在于论文本身，关键是它的六篇英文附录：

附录一　中国共产党的第一个纲领（1921年）

附录二　中国共产党关于党的目标的第一个决议案（1921年）

附录三　中国共产党宣言（1922年7月第二次代表大会通过）

附录四　中国共产党第二次全国代表大会决议案（1922年）

附录五　中国共产党章程（1922年）

附录六　中国共产党第三次代表大会宣言（1923年）

英文版的《中国共产党的第一个纲领》正文与俄文版几乎没有

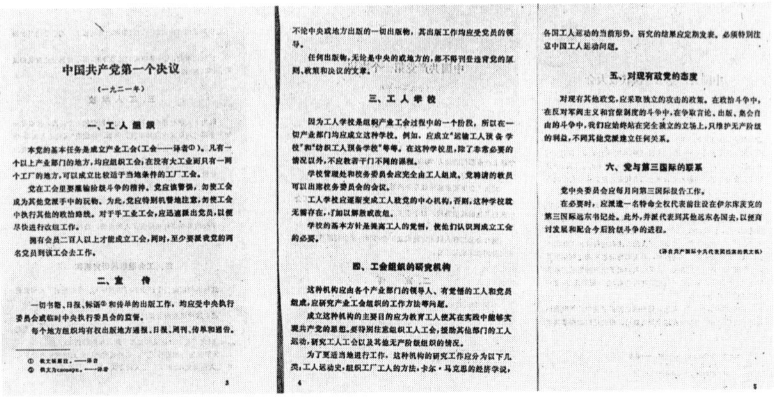

# 中国共产党第一个决议

（一九二一年）

## 一、工人组织

本党的基本任务是成立产业工会（工会——译者①）。凡有一个以上产业部门的地方，均应组织工会；在没有大工业而只有一两个工厂的地方，可以成立比较适于当地条件的工厂工会。

党在工会里要灌输阶级斗争的精神。党应该警惕，勿使工会成为其他党派手中的玩物。为此，党应特别机警地注意，勿使工会中执行其他的政治路线。对于手工业工会，应迅速派出党员，以便尽快进行改组工作。

拥有会员二百人以上才能成立工会，同时，至少要派我党的两名党员到该工会去工作。

## 二、宣　传

一切书籍、日报、标语②和传单的出版工作，均应受中央执行委员会或临时中央执行委员会的监督。

每个地方组织均有权出版地方通报、日报、周刊、传单和通告。

① 俄文版原注。——译者

② 俄文为[illegible]。——译者

3

不论中央或地方出版的一切出版物，其出版工作均应受党员的领导。

任何出版物，无论是中央的或地方的，都不得刊登违背党的原则、政策和决议的文章。

## 三、工人学校

因为工人学校是组织产业工会过程中的一个阶段，所以在一切产业部门均应成立这种学校。例如，应成立"运输工人预备学校"和"纺织工人预备学校"等等。在这种学校里，除了非常必要的情况以外，不应教若干门不同的课程。

学校管理处和校务委员会应完全由工人组成。党聘请的教员可以出席校务委员会的会议。

工人学校应逐渐变成工人政党的中心机构，否则，这种学校就无需存在，1加以解散或改组。

学校的基本方针是提高工人的觉悟，使他们认识到成立工会的必要。

## 四、工会组织的研究机构

这种机构应由各个产业部门的领导人、有觉悟的工人和党员组成，应研究产业工会组织的工作方法等问题。

成立这种机构的主要目的应为教育工人使其在实践中能够实现共产党的思想。要特别注意组织工人工会，援助其他部门的工人运动，研究工人工会以及其他无产阶级组织的情况。

为了更适当地进行工作，这种机构的研究工作应分为以下几类：工人运动史，组织工厂工人的方法，卡尔·马克思的经济学说，

4

各国工人运动的当前形势。研究的结果应定期发表。必须特别注意中国工人运动问题。

## 五、对现有政党的态度

对现有其他政党，应采取独立的攻击的政策。在政治斗争中，在反对军阀主义和官僚制度的斗争中，在争取言论、出版、集会自由的斗争中，我们应始终站在完全独立的立场上，只维护无产阶级的利益，不同其他党派建立任何关系。

## 六、党与第三国际的联系

党中央委员会应每月向第三国际报告工作。

在必要时，应派遣一名特命全权代表前往设在伊尔库茨克的第三国际远东书记处。此外，并派代表到其他远东各国去，以便商讨发展和配合今后阶级斗争的进程。

（译自共产国际中共代表团档案的俄文稿）

5

《中国共产党第一个决议》

不同，同样缺失了第十一条。而第十四条后也有一个注释：此条款引起激烈争论，最后留待1922年第二次会议再作决定。

真相原来如此简单，俄文译者将“留待……再决定”漏掉了。

应当说《中国共产党第一个纲领》基本上确立了中国共产党的立党宗旨，而其中的一些根本性的原则条款，特别是第二条“我们党的纲领”的形成，则可追溯至上海共产党早期组织成立之初。

1920年6月上海中共早期组织发起成立时，据说戴季陶、李汉俊等曾起草过一份“党章草案”（也有说是“党纲”），其中的要点是“劳工专政”（即无产阶级专政）和“生产合作”。“生产合作”可能是指局部生产资料共同所有性质的生产组织，而不是完全意义上的公有制，与苏俄社会主义模式有所不同。这与共产党早期组织起初取名为“社会共产党”似乎在意识上是一致的，反映出早期共产主义者对马克思主义理论认识上的差异和欠缺。对于这一点，上海共产党早期组织领导人陈独秀并不在乎。他认为先把组织建立起来，以后可以边干边学习马克思主义，逐渐完善党纲。

1920年8月，上海共产党早期组织定名为“中国共产党”。组织成员经过学习马克思主义和参加社会主义问题、无政府主义问题的讨论，并在共产国际、俄共人员的指导下，于1920年11月制定了《中国共产党宣言》。《宣言》由三个部分组成，主张机器、工厂、

原料、土地、交通工具等生产资料收归社会公有，将来共产主义社会要废除军队、法庭等国家机构；主张开展阶级斗争，组织产业工会并成立工会总联合会，在无产阶级政党共产党领导下，通过总同盟罢工，推翻资本制度，由产业工会主管社会的经济运行；主张夺取政权后，为了抵御国内外的敌对势力，必须实行无产阶级专政。可见《宣言》对所有制和经济生产管理方式的主张与最早的“党纲”有明显不同。

就在11月7日，由上海中共发起组成员李达主办的理论刊物《共产党》月刊创刊。该刊卷首的“短言”指出：要用阶级战争的手段，打倒一切资本阶级，从他们手中抢夺来政权；并且用劳动专政的制度，拥护劳动者的政权，建设劳动者的国家以至于无国家，使资本阶级永远不致发生；一切生产工具都归生产劳动者所有，一切权都归劳动者执掌。“短言”的宣示与《中国共产党宣言》的精神是一致的。

1920年10月以后，在中国北京、武汉、广州、长沙、济南等地相继成立了中共早期组织。《中国共产党宣言》便作为各地吸纳党员的标准，即加入中共早期组织的人，必须赞同《宣言》所表明的各项原则。这样许多原来参加各地中共早期组织的无政府主义者便自动退出了，《宣言》实际上起到了党纲的作用。

1920年12月陈独秀应邀到广州工作后，他在与上海组织成员的通信中讨论了起草党章的事情，此事他也同北京的早期组织成员张国焘等商讨。其中关于党的组织制度和工人组织的问题，与上海早期党组织成员李汉俊的意见相左。陈独秀主张党组织采取中央集权制，工人组织产业工会；李汉俊主张党内采取地方分权，工人则先成立职业工会。

为了解决争论的问题，1921年3月中共早期组织召开了代表会议，根据《中国共产党宣言》的基本原则，制定了一个临时性的纲领。“纲领”的内容包含了早期组织的工作机构和工作计划，还表明了共产党早期组织对社会主义青年团、工会、同业公会、行会、文化教育团体和军队的态度。这些内容差不多就是中共一大会议通过的《第一个纲领》和《第一个决议》的内容。因此这次会议也可以算是一大的预备会议，而临时纲领则为一大制定《第一个纲领》和《第一个决议》奠定了基础。

（研究室主任、研究馆员　信洪林）

# 为孙中山和李大钊立过功的打字机

在中共一大会址纪念馆展厅里，陈设着一架黑色的打字机，在悠悠的冷光灯下，闪耀着历经沧桑的光泽，键盘上似乎尚留存着指尖的余纹。别小看这架老式打字机，在曾经的风雨岁月中，它先后为两位伟人——孙中山和李大钊服役立功，牵系着他们救国救民的夙愿和革命事业。

这架老式“CORONA”牌英文打字机长28.5厘米、宽25厘米、高12厘米。黑色的机身配上金色艺术花体字样，显得尤为典雅大方。与同时期普通的打字机需要2000甚至3000个零件相比，这架打字机仅由692个零件组成，更为简便适用。打字机外与一只手提木箱相连，关闭时外形就像一只小手提箱。这是厂方为了避免在运输过程中受损，特意配置的木质外壳，因而虽然历经风雨，木壳残破，但机身依然十分完整。

1925年秋李大钊用过的英文打字机

打字机系吴弱男在英国购买。吴弱男，1886年生，安徽省庐江县南乡沙湖

1919年李大钊赠吴弱男亲笔签名照

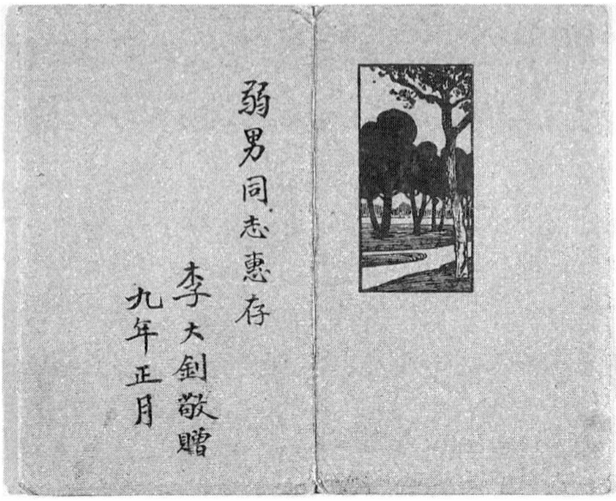


1919年李大钊赠吴弱男亲笔签名照封套

山人，“清末四公子”之一吴保初的爱女，著名爱国人士章士钊的夫人。在父亲的影响下，年方14岁的吴弱男就去日本求学，入青山女子学院，成为中国最早留学日本的女学生之一。在日留学期间，吴弱男深感中国妇女受压迫深重，决心追求女权，参加革命。她于1905年加入同盟会，深得孙中山的信任。在中国同盟会成立前后，吴弱男已小有名气，加入同盟会后，与孙中山接触较多，受其教育，革命认识有了很大提高。1905年11月，孙中山创立中国同盟会机关刊物《民报》后，英语娴熟的吴弱男担任了他的英文秘书。就是用这架从英国带回的打字机，吴弱男为孙先生打印了许多英文函件。二次革命期间，孙先生那些铿锵有力、义正词严的讨袁檄文，也有不少是吴弱男用这架打字机打印出来的。1913年8月，二次革命失败，孙中山等国民党人逃亡日本。在日期间，由于日方监视甚严，孙中山自由受到限制，即嘱咐以吴弱男的名义发表在伦敦《泰晤士报》上，以唤醒国内外人士认清袁世凯的嘴脸。

后来，这架打字机又与李大钊结下了不解之缘。早在1914年，李大钊在日本留学期间，借着《甲寅》杂志这一桥梁，他见到了景仰已久的著名学者章士钊，随后，与章夫人吴弱男结识。在长期的交往中，他们结下了深厚的友谊。在日本时，李大钊大概每月见章士钊一次，有时便留在章士钊家一同进餐。回国后，李大钊任北大图书馆主任也是章士钊推荐。由于两个家庭关系密切，李大钊叫女儿李星华认吴弱男为干妈，李大钊本人则是章家三个公子章可、章用、章因的家庭教师。后章士钊与李大钊因政治思想等方面观点不同有所疏远，但吴弱男与李大钊及其子女间的交谊却一如既往。李大钊英勇就义后，吴弱男立即赶赴长椿寺吊唁慰问。据1927年5月1日北京《晨报》的新闻报道:“又闻连日往慰问者，有章士钊夫人吴弱男女士及教育界同事。章夫妇与李为文字之交，当民国四、五年时，李为文极模仿章，且常为《甲寅》作文，李之次女亦拜章夫人为谊母，可见交情甚为亲密。”

正是因为私交甚好，1925年秋天，为了和苏联大使馆联系工作，李大钊向吴弱男借用这台打字机长达一月之久。借助这台打字机，李大钊打印了不少党的秘密文件，并与共产国际和苏联驻华代表进行了密切联系。李大钊就义后，为了怀念李大钊，吴弱男一直精心保存着李大钊送给她的签名照、书信等，当然也包括这台先为孙中山服役、后被李大钊借用过的打字机。1964年7月，吴弱男把它捐献给了中共一大会址纪念馆，以期让更多的人来了解它背后那不平凡的历史。1995年11月，国家文物局全国一级革命文物鉴定专家组对其进行鉴定后认为，孙中山和李大钊用过的打字机是吴弱男长期保存下来的。吴弱男是早期同盟会会员，曾与孙中山和李大钊关系密切。根据有关史实，可以证明这架打字机具有重要的历史意义。因此，这架打字机被确认为国家一级文物。

（研究室副主任、副研究馆员　张玉菡）

# 陈望道与《共产党宣言》第一个中文全译本

《共产党宣言》是马克思和恩格斯为世界上第一个共产党组织——共产主义同盟撰写的纲领，是人类历史上第一个伟大的革命宣言，是马克思主义三个组成部分的基本原理的结晶。《共产党宣言》1848年2月在伦敦用德文出版，它的问世标志着马克思主义的诞生，标志着社会主义从空想变成科学。从发表到现在，它已经被译成多种文字，影响遍及全世界的每一个角落。《共产党宣言》于19世纪末20世纪初传入中国，1920年8月第一个中文全译本出版。

1917年俄国十月革命胜利之后，社会主义思潮在中国一度非常流行，马克思主义的传播也日益广泛深入，逐步成为新思潮的主流。《共产党宣言》的广泛传播、研究和翻译由此进入了一个新的阶段。尤其在五四运动时期，出现了许多介绍、讨论《共产党宣言》等马克思主义学说的文章。李大钊、陈独秀等一批先进的知识分子开始重新思考马克思主义，并运用其中的观点观察和解决中国的问题。随着他们理解日深，很快从革命民主主义走向马克思主义，其中最早介绍《共产党宣言》并成为马克思主义者的人是李大钊。1919年5月、11月出版的《新青年》杂志第6卷第5、6号上，李大钊发表《我的马克思主义观》一文，文中节译了《共产党宣言》的第一章“资产者与无产者”，这篇里程碑式的论文比较系统完整地介绍了马克思主义学说，并阐明了他对马克思主义的见解。

陈望道

最初，李大钊、陈独秀在北京读了《共产党宣言》的英文版，深深地为马克思、恩格斯两位思想家、政治家的精辟理论所折服，感叹不已，都认为应当尽快将此书译成中文。当时，在日本读书的戴季陶也曾有意把它译成中文。然而，翻译此书绝非易事，译者不仅要谙熟马克思主义理论，而且要有相当高的中文文学修养和丰富的社会实践经验。后来，戴季陶回到上海，主编《星期评论》，打算在《星期评论》上连载《共产党宣言》。于是，他着手物色合适的译者。《民国日报》主笔邵力子向戴季陶举荐一人：杭州的陈望道。就这样，当时年仅29岁的陈望道回到阔别多年的故乡浙江义乌分水塘村，在自家破陋的柴房中，开始了《共产党宣言》的翻译工作。为了专心致志地译书，陈望道足不出户，夜以继日地埋头工作。《共产党宣言》思想极其丰富、深刻，文字也极为优美、精炼，要准确、生动地

陈望道翻译《共产党宣言》时居住过的农舍

达意传神，殊为不易。连《共产党宣言》的作者之一恩格斯也说翻译《宣言》是异常困难的。陈望道依据戴季陶和陈独秀提供的日文本与英文本，在缺乏参考资料的情况下，凭着《日汉辞典》和《英汉辞典》，字斟句酌地翻译，费了平时译书的五倍工夫，把全文彻底译出来了。之后，陈望道来到上海，把译文连同日文、英文版的《共产党宣言》交给不仅熟悉马克思主义理论，而且精通日、英、德语的李汉俊，请他校阅。因《星期评论》停刊而无法公开发表陈望道的译作，于是，陈独秀跟共产国际代表维经斯基和杨明斋等人商议，筹措资金。很快，就在上海辣斐德路（今复兴中路）成裕里12号，建起了一个小型的秘密印刷所——又新印刷厂，取义于“日日新又日新”。1920年8月，《共产党宣言》的第一个中文全译本就在这里出世了。它以“社会主义小丛书第一种”形式，由“社会主义研究社”名义发行，初版共印了1000本。封面上印有马克思半身坐像，水红底色，比现在的小32开还要小一点，全书竖排版，用3号铅字刊印，共56页。有意思的是书名因排字工的疏忽被印成了《共党产宣言》。于是，研究会在9月又立即作第2次印刷，将书名改为《共产党宣言》，并将水红色封面改为蓝色封面。中译本一经出版便受到中国先进分子的热烈欢迎，仅过6年，便印至17版。

陈望道译1920年8月版《共产党宣言》

这本被推崇为共产党人的“圣经”的书，包括引言和正文四章，引言说明了此书产生的历史背景和目的、任务。正文分别是：有产者及无产者、无产者和共产党、社会主义及共产主义的著作、共产党和在野各党的关系。它完整、系统而严密地阐述了马克思主义的科学思想体系，论述了社会主义代替资本主义、最终发展为共产主义的必然性，阐明了无产阶级作为资本主义掘墓人和未来社会创造者所担负的历史使命。《共产党宣言》尽管只是一本薄薄的小册子，但它却产生了改变中国历史的伟大动力，也成为各国有识之士研究人类社会发展的红色之源，散发着其恒久的魅力。

陈望道译1920年9月版《共产党宣言》

（陈列部副主任、馆员　吴凡）

# 张静泉及其保存的珍贵革命文献



2011年，“上海红色之源”文物史料展在中共一大会址纪念馆举办。在展厅中，有7本红色书刊特别引人注目，稍加注意便能发现，这些书刊的封面都盖有同一个图章，内容为“张静泉（人亚）同志秘藏山穴二十余年的书报”。张静泉是谁？图章的背后又藏着什么故事呢？

张静泉，又名人亚。1898年出生在浙江宁波市霞浦镇，家里排行老二，16岁时为谋生到上海凤祥银楼当金银首饰制作工，1921年加入当时的上海社会主义青年团，随后加入共产党，是上海最早的21名工人党员之一。张静泉成为中共早期党员之一并不是偶然的。在上海这个冒险家的乐园，张静泉目睹了中外反动势力怎样欺压中国人民，镇压中国人民的反抗斗争；从进步书刊和身边的革命志士的言行中，接触到一些先进的革命思想，萌生了一些革命要求，而他超出一般工人群众的文化水平和思想觉悟也引起了革命组织的关注。1921年，他先后被上海社会主义青年团和中共组织吸收为成员。从此，他开始了以社

张静泉（张人亚）

会职业掩护的革命生涯。张静泉先后担任上海金银业工人俱乐部主任、中国社会主义青年团上海地方执行委员会书记、中共江浙区委宣传部分配局负责人等多个职务，拥有并保存了一批珍贵文件和书刊。

1927年大革命失败后，白色恐怖笼罩着上海，张静泉最先想到的是身边这些文件、书刊的安危，它们既不能让国民党搜去，也不舍得轻易付之一炬，怎么办呢？

1928年冬的一天，张静泉突然回到宁波霞浦老家，对父亲张爵谦说，他在上海的住所要搬迁了，请求父亲将他带回来的一批书刊和文件收藏好。张爵谦问他藏到何时，他答道：到时再说。交代完毕，张静泉当天就离家走了。张爵谦没有向任何人说起二儿子回来的事，邻居们都不知情。到了傍晚，张爵谦拎着一大包东西，向菜园里停放着张静泉妻子棺材的地方走去。隔了几天，张爵谦对邻居悲切地说，他的二儿子长期在外不归，恐怕早已不在人世。于是就在镇东的长山冈上，为张静泉和他早逝的妻子修了一座合葬墓。张静泉一侧是衣冠冢，安放的是藏有他带回来的书刊文件的空棺，老人把张静泉带回去的那一大包文件、书刊用油纸裹好藏进空棺，埋在墓穴里。从此，张爵谦守着这份秘密，独自默默地等待着寄予厚望的儿子回来开棺取书。

1929年7月，在中国革命互济会工作的张静泉被党分配到外地工作，离开了上海。张静泉这回承担的仍然是党的秘密工作。党根据张静泉的自身优势，让他到安徽芜湖这个长江边上的大码头，又是中共安徽临时省委驻地的地方，开设了一间金铺子。金铺子表面上从事接受金银首饰的来料加工及成品销售，暗地里却接收苏区送来的金银，并将它们设法兑换成现洋及钞票，再交给上海的党中央。这又是一桩极其危险的“买卖”，张静泉依然出色地完成了任务。

也许是山河阻隔、赤白对立，也许是战争年代讯息难通，张静泉逝世的消息没有传到他的家乡。事实上，自从1928年冬他回到老家一次后，家人就再没有见过他，只是从他给家中捎来的一封信得知他已到了苏区。张静泉的父亲张爵谦就这样一直等、一直盼，等他、盼他回家。1949年5月，上海解放。过了一个多月，还没有二儿子的音讯，老人便要三儿子张静茂在《解放日报》登寻人启事，寻找张静泉。又过了几个月，仍无音讯。张爵谦这才将21年前的事告诉三儿子，并回乡从长山冈张静泉衣冠冢的空棺中取出当年二儿子带回的党的文件、书刊，连同一直挂在老人卧室的“上海金银业工人俱乐部成立大会”的合影照片，让张静茂一起上交给人民政府。其中仅著作、杂志就有几百本。张静茂在捐献的书籍封面上加盖了刻有“张静泉(人亚)同志秘藏山穴二十余年的书报”字样的长方形印章，以志纪念。

张静泉留下的中共早期会议文件和出版物十分珍贵，它们已被国家博物馆和上海的中共一大会址纪念馆永久珍藏。其中列为国家一级文物的就有14件。这些珍贵的革命文物向人们默默讲述着那段革命的岁月，纪念着那些为革命献出生命的可敬的人，成为革命信仰传承的最好见证。

（宣教部讲解员、馆员　沈蔚）

# 中共一大南湖游船

众所周知，1921年7月30日，中国共产党的第一次代表大会正在进行的时候，突然遭到了上海法租界巡捕的搜查。会议被迫中止。代表们不得不从上海法租界李书诚、李汉俊兄弟的寓所里转移到浙江嘉兴南湖的一条游船上继续开会。那么当时代表们为什么会选嘉兴南湖作为新的会址，而不是别的地方？让我们一起来了解一下吧。

代表们首先想到了杭州，因为不少代表都在杭州生活过。到杭州西湖租一条游船，边游湖边开会，可以避免惹人注目，而且乘坐沪杭铁路的火车也比较方便。但是，大家又担心西湖人多眼杂，

嘉兴南湖中共一大会议纪念游船

不很安全，同时也嫌到杭州费时太多。根据当时火车时刻表，乘坐早上7时35分火车到杭州要下午1点多钟，不能一天结束会议。于是大家否决了到杭州西湖续会的决定。上海代表李达的夫人王会悟提出去嘉兴南湖召开会议的建议。南湖位于嘉兴城南，距沪杭铁路嘉兴站不远，湖上游船可以包租，随意游泊。以游湖为名，在船上开会，确实比较隐蔽、安全。况且嘉兴距离上海不过百余公里，乘坐早上7时35分火车，上午10时25分就到嘉兴，可以有一天的时间来完成建党的议程。王会悟是嘉兴人，大学也是在当地读的，所以对南湖的情况比较熟悉了解。再加上她是李达夫人的身份，博得了一大代表们的信赖。于是她的建议很快被代表们一致通过。据王会悟事后回忆说："我想到我家乡嘉兴的南湖，游人少，好隐蔽，就建议到南湖去包一个画舫，在湖中开会。李达去与代表们商量，大家都同意了这个意见。"这就是为什么要到嘉兴南湖来继续开会的原因。

一大南湖会议是在一艘游船上举行的，据一大代表们的回忆，那是一只单夹弄丝网船。中舱放着一张方桌，桌上摆设茶具；前舱搭有凉棚；后舱设有床榻，船尾置有菜厨、炉灶等物。船后系一小船，叫"拖梢船"，为当时方便接送游客和进城购物所用。当天天阴，间有小雨。湖面上有四五条游船，代表们叫船主把船撑到比较僻静的水域，用篙插住，王会悟坐在船头望风。开会时

嘉兴南湖纪念船内景

还特意将带来的麻将牌倒在桌上，以掩人耳目。下午，小游船逐渐增多，湖上到处是留声机唱京戏的声音，酒龙诗虎，呼卢喝雉，一派喧闹。5点左右，湖上出现了一条小汽艇，代表们以为是政府巡逻艇，曾暂时停会，当得知这是私人游艇，会议又照常进行。这次会议议程有：审议中国共产党纲领草案，审议中国共产党宣言草案，选举中国共产党全国领导机构。会议经过认真、热烈的讨论，在南湖游船上通过了《中国共产党的第一个纲领》；在南湖的大会上还通过了《中国共产党第一个决议》，选举了党的中央局领导机构。陈独秀、张国焘、李达当选为中国共产党中央局成员。陈独秀虽然没有出席这次大会，但由于他在新文化运动和五四运动时期的巨大影响，以及在建党活动中的特殊作用，而被选为中央局书记。张国焘任组织主任，李达任宣传主任。

1921年前后，南湖游船共有四种：一是摆渡船，俗称“婆娘船”；二是帐船，一般不出租；三是小划子，即小游船，只能搭两三个人；四是丝网船，是供包租的专业游船，船大舱多，便于秘密集会。根据董必武和王会悟以及其他知情人提供的线索，一大代表当初包租的就是这种雕饰精美的中型丝网船（大型船很少，很难租到），这种船长约14至16米，丝网船到抗日战争的时候已基本绝

嘉兴南湖革命纪念馆全景

迹。现供观众参观的南湖游船是时任嘉兴造船厂副厂长的萧海根同志按照上级要求仿造的。由于当年南湖游船的制作船匠大多是从无锡来的，所以1959年仿造的时候，嘉兴方面还请了徐步皋等无锡造船业的能工巧匠来嘉兴指导。因为红船的纪念意义，整个用料要求比较高。萧海根回忆："整只船的横梁、吊底、戤旁、船底用的都是杉木。我们克服了许多困难，下定决心，不怕牺牲，排除万难，去争取胜利。就这样，造船工人每天做到凌晨两三点钟，造船时，我们都没有空的，整日整夜地做，轮班，当时都是自觉的。"靠着这股心向红船的干劲，红船终于在1959年的国庆前夕保质保量地胜利完工。

中共一大会议在上海法租界望志路106号秘密召开，继而又在嘉兴的南湖游船上胜利闭幕，中国革命的道路在这里启程了。南湖游船在时代的恶浪中顽强起航，它平凡，却负载着中华民族的命运；它简陋，却诞生了一个先进的政党——中国共产党。中国的革命面貌从此焕然一新！

（宣教部讲解员、馆员　孙量）

# 中共一大会议蜡像

蜡像是一门被称为“立体摄影”的超级写实主义雕塑艺术。蜡像艺术比一般雕塑更接近人物原形，它所塑造的人物往往栩栩如生，具有很强的观赏性，更有还原历史人物的独特功能。蜡像艺术自20世纪80年代从国外传入我国，经过我国艺术家们的不懈努力，现已达到世界先进水平。1995年，天津历史博物馆创建的天津近代人物塑像馆，把蜡像、历史文物、照片相结合，“以人带史，以史托人”的陈列方式，使蜡像进入博物馆陈列之中，而且受到了更好的参观体验。此后，我们中共一大会址纪念馆也借着1999年新馆

中共一大会议场景（蜡像）

落成之际，将蜡像这个陈列的载体融入到了陈列室内，模拟当时一大开会的场景。

15个“梦想家”的集会。那一周，“革了天下的命”，上海中共一大会议现场蜡像群。这是作者尔宝瑞（天津美术学院教授、中国伟人蜡像馆首席蜡像师）给自己作品所起的名字：90多年前，开天辟地的大事变。蜡像栩栩如生，再现了中共一大会议现场。这座人物蜡像群填补了国人关于中共一大一片空白的形象记忆。但是当时大会是在法租借秘密召开的，介于当时的历史条件，没有留下任何一张照片。那么蜡像的制作依据是什么呢？

蜡像所呈现的现场是创作者的合理艺术想象。蜡像中第一层次是年轻的毛泽东一手执文稿，一手挥扬似作解说，他是唯一的站立者，居中心位置。这样的设计思路有客观依据，因为毛泽东作为大会记录员，拿着记录稿向大家宣读，既符合历史事实，也完全符合毛泽东在整个中国革命历史中的地位。第二个层次是李汉俊作为房主和东道主，他手持茶壶，躬身为毛泽东沏茶，其他代表都坐着，从各个角度面向说稿人，错落有致。董必武、何叔衡是前清秀才，他俩的动作就设计成很稳重地在沉思；王尽美、邓恩铭是青年学生，他俩显得既富有青年人的朝气又虚心好学；刘仁静是大会的翻译员，整个身子向前倾着，侧耳倾听，认真地进行翻译工作。每尊蜡像身上穿的衣服，都是请专业缝纫师量身定做的。何叔衡、李汉俊、刘仁静三人戴的老式眼镜，是跑了无数家旧货商店、古玩商场后好不容易才觅到的；共产国际代表马林和尼克尔斯基手腕上佩戴的手表是真正的老式外国手表。如果再走得近一点观察，还能发现每尊蜡像脸上的皮肤纹理，手上的血管走向，甚至连汗毛孔都清晰可辨。蜡像仿佛是有着灵魂、个性和温度的时光机，将参观者带回到那不平凡的时刻。

那么如此完美的蜡像又是如何制作的呢？

制蜡像要经过雕刻模型、倒膜、脱模三道手续。雕刻模型可用黏土为材料，雕刻的技术须有艺术修养。黏土雕刻的模型是实心的立体模型，必须用石膏倒出空心的向内凹的模型才能制蜡像，如果自己没有制模的经验，需向专门设计模型的公司定制。如果是姿态繁复的像，倒模时要分步施行。例如，头造一个模，身也造一个模，手和脚又另外造一个模，这样做比较容易脱模。如果是大型的蜡像，还需要把一部分分成几个模，把这几个模联结起来成为某一部分的模。例如，一个大人头的蜡像，就须要把人头的各部，如耳、鼻、口等倒成几个石膏模，然后把这几部分联结起来成为一个既完整又可拆开的空心石膏模。石膏模制好以后，把准备好的蜡像原料灌入石膏模里。蜡像不必实心的，只要外面一层壳就可以，这样能节省材料，故灌入原料时，须要把模上下左右转动，使原料溶蜡能均匀分布。蜡像的原料凝固后就要进行脱模，方法是把它放入清水里浸一会儿，就自然脱离石膏模了。复杂的模即分成几部分，所以最后就要把这几部分用黏性的胶黏结起来。制作蜡像所用的蜡必须比较耐用、坚实，这样制成的蜡像才不容易熔化和变形。所以制作蜡像之前，先要选购良好的固体石蜡和白蜡，并加上硬脂酸，使之成为坚实的蜡质。蜡像要加色，必须用油溶性的颜料，水溶性的颜料不容易与蜡质结合在一起。要把蜡和颜料混合起来，首先要将蜡类和硬脂酸放在锅中加热，使之全部熔化，同时要不断搅拌均匀，稍冷后将色料加入，再搅拌数次，以免深淡不匀或有发花之弊。然后把它浇入预涂有油类的模型中，约十分钟即可凝固，将模打开便成蜡像了。

尔宝瑞老师用他成熟的专业技术为一大会址纪念馆创造出了这组生动的蜡像，更为前来参观的观众带来了视觉上的享受、心灵上的震动。仿佛让每一位观众都感受到正是在这一刻开始了中国共产党的光辉历程，开始了中国人民争取自由解放的艰苦斗争，开始了中华民族的振兴崛起。正如毛泽东同志所说："没有共产党，就没有新中国。"

（宣教部讲解员、馆员　孙量）

中國共產党第一次全國代表大会會址紀念館

第四部分

# 相关事件解析

# “共产主义小组”名称的由来

中共创建时，全国各地的党组织是否统称为“共产主义小组”？“共产主义小组”这个名称最早是从哪里来的？在我国是怎样流传开来的？要探究这个名称的由来，还必须从其历史的源头说起。

1919年3月，在列宁领导下，共产国际第一次代表大会在莫斯科召开。出席这次大会的各国共产党代表有俄国共产党、德国共产党、德意志奥地利共产党、匈牙利共产党、瑞典左派社会共产党、挪威社会民主党、瑞士社会民主党（反对派）、美国社会民主党、波兰共产党、芬兰共产党等19个。出席这次大会的各国共产主义小组代表有捷克共产主义小组、英国共产主义小组、法国共产主义小组、瑞士共产主义小组等15个。当时大会把各国共产党代表确定为正式代表，而把各国共产主义小组代表作为列席代表。同时大会还规定，正式代表和列席代表都有发言权，但各国共产党的代表有表决权，各国共产主义小组的代表却没有表决权。会上代表们的这种不同权利的规定，显然具有组织性质的差别。

列宁

共产国际一开始就把共产党与共产主义小组区别开来，采取不同的政治待遇，其原因就在于两者性质的不同。

列宁在《加入共产国际的条件》一文中回忆共产国际成立时的情景说："召开第一次代表大会时，大多数国家只有一些共产主义的派别与小组。共产国际第三次世界大会召开时的情况就不同了。现在大多数国家不仅已经有了共产主义的流派和派别，而且有了共产主义的政党和组织。"列宁要求"一切愿意加入共产国际的党，都应当更改自己的名称。凡是愿意加入共产国际的党都应称为：某某国家的共产党（第三国际支部）"。在这里，列宁对各国共产主义小组与共产党作了明确的区分，相当清楚地指出共产主义小组不能称为一个政党的组织，只有共产党才是真正的政党组织。

中共一大会议召开前，在全国各地和国外相继建立了上海、北京、武汉、长沙、济南、广州以及旅日、旅法的共产党早期组织。由于当时中国共产党的创建活动是在秘密状况下进行的，所以党的早期组织没有统一的名称。例如上海党的早期组织的名称最初定名

旅欧共产党早期组织人员于法国蒙达尼合影

为“社会共产党”，亦称“社会党”，后正式确定为“共产党”；北京党的早期组织先称“北京共产党小组”，后改为“北京共产党支部”；武汉党的早期组织成立时就叫“共产党武汉支部”；广州党的早期组织的名称，最初由无政府主义者组成“共产党”，后经陈独秀等人整顿后，无政府主义者退出党组织，当时取名为“广州共产党”。总之，在中国共产党正式成立之前，党的早期组织没有统一的名称，有的称“共产党支部”，有的称“共产党小组”，有的直接称“共产党”。

那么，“共产主义小组”这个名称在我国是怎么流传开来的呢？据查证，1922年5月20日，苏俄在华工作全权代表利金在给共产国际执委会远东部报告中，最早把中共早期组织统称为“共产主义小组”。1922年7月1日《马林给共产国际执委会的报告》也出现过“共产主义小组”的提法，但他不是指中共早期组织，而是误把中共中央局的领导和机构说成是“共产主义小组”。北伐战争时期，葛萨廖夫曾来中国参加过革命活动，并写过《中国共产党的初期革命活动》一书。他在这部书稿中，把中共一大前的早期组织，既称作“共产主义小组”，又称作“中国共产党小组”，混用了两种不同含义的名称。1936年6月7日，为纪念中国共产党成立15周年，陈潭秋在莫斯科写了《第一次代表大会的回忆》文章，发表在《共产国际》杂志第7卷第4、5期合刊上，他没有区分我国与外国不同的建党实际，沿用当时共产国际流行的“共产主义小组”名称。同年，共产国际代表米夫发表的《英勇奋斗十五年》的纪念文章也沿用了“共产主义小组”的名称。由于陈潭秋就是中国共产党的创始人之一，亲自出席过中共一大会议，他的文章又发表在具有权威性的《共产国际》刊物上，这样“共产主义小组”这个名称从此开始在国外传开了。

新中国成立后，我国党史学界曾有很长一段时间把中国共产党成立以前的各地共产党组织统称为“共产主义小组”。

党的十一届三中全会以来，党史学界本着解放思想、实事求

湖南共产党早期组织（油画）

是的精神，经过反复论证，认为将中共早期组织称为“共产主义小组”，既不符合历史事实，又歪曲了党的早期组织的性质。首先，中共早期组织从一开始就是在共产国际的帮助下，以布尔什维克为榜样建立起来的，而且都以共产党的党章和宣言作为自己的行动准则；其次，中共早期组织都有比较严格的组织纪律，各地党组织创立初期，清退了一些无政府主义者，建立了比较严格的组织纪律制度；再次，中共早期组织积极开展马克思主义的宣传工作，尽力推动马克思主义与中国工人运动相结合，充分体现出中共在筹建创立时就具备了无产阶级政党的性质。

目前，在全国许多出版的党史论著中都已经不再使用“共产主义小组”的名称，而改用“中国共产党早期组织”的名称来统称中共一大会议前的各地和旅日、旅法的共产党组织。

（保管部研究馆员　陆米强）

# 中国共产党诞生在上海的原因

中国共产党诞生在上海是一种历史的必然，近代上海别样的城市特性、繁荣的经济文化和雄厚的社会力量为中共建党奠定了必要的基础。

1843年11月，上海开埠后，上海逐渐成为近代科技、文化、思想输入的基地，中西文明共存、竞争、融合、多元的世界性大都会。伴随着外国资本的进入和民族企业的发端，更是催生了一系列新的现代产业部门；而现代产业部门向纵深的发展，让上海日渐摆脱了单纯的以港兴市的贸易城市格局，进入了工业化的早期阶段。近代上海从最初的一片荒滩洼地迅速变为交通四通八达、工厂密集林

旧上海外滩一角

立，并吸引大量中外人口的移民城市，这座位于中国东海岸中部的城市由此进入了经济的飞速发展时期。

同时，英、美、法等国在沪相继设立的租界不断越界筑路、渗透扩张，他们拥有各自完善的市政管理机构，致使上海出现了一市三治的局面。生活在租界里的华人虽是二等公民，但却能得以在外国势力庇荫下免受军阀或专制政府的骚扰，并躲避连绵不断的天灾人祸、外侵内乱。因此，上海的政治文化环境相对要宽松自由得多，这也就使清末民初各路精英相继汇聚到这座海纳百川的城市。可以说，租界是资本主义列强进行掠夺的据点，但在客观上它也带来了资本主义的近代文明，成为中国人民获取现代经验、走向独立的开端。

报纸、期刊、书籍等是当时西学东渐相当重要的媒介，上海这个中西文化交会的窗口，源源不断地承接着新思潮、新文化的传入，因而，一大批现代文化机构亦借此应运而生。福州路从清末起已发展成为著名的文化街，聚集着300家大小不等的出版公司和书店。日印万张报、周发千份刊、月出百部书的上海，已迅速培养出人数可观的阅读公众群体。

1915年，陈独秀等在上海创办《青年杂志》（后改名为《新青年》）。依托上海作为全国文化中心和舆论市场的优势地位，《新青年》将思想启蒙的理念逐渐传布神州大地。介绍和宣传社会主义的刊物如雨后春笋般在沪创办，如邵力子主编的《民国日报》副刊《觉悟》、张东荪主持的《时事新报》副刊《学灯》、戴季陶主编的《星期评论》。它象征了一个变革年代的到来，“科学”和“民主”成为代表他们对新社会的理想。值得注意的是，在“五四”前后最早介绍宣传诸种社会主义思潮（包括马克思主义）的这些刊物中，除新青年编辑部一度在北京（发行部则在上海）外，上述另三种都是上海的刊物。上海已成为是中国社会主义者可公开从事宣传的活动中心。

1917年11月7日，俄国十月革命爆发。在革命胜利的第三天，上海《民国日报》第一个报道了这一重要消息，它给彷徨无助的中国知识分子带来新的希望，他们从中找到了方向感、认同感与归宿感。1919年，由谢麦施科等倾向社会主义的俄侨在上海创办了俄文《上海生活报》，它是布尔什维克在华早期宣传的喉舌，也是布尔什维克在华从事建立共产主义组织活动的掩护机关，便于共产国际使者与中国知识分子的交流，共商建党伟业。整个报社作为一个群体在中国早期共产主义运动中发挥了特殊作用。

1920年6月，具有初步马克思主义信仰的先进知识分子在共产国际和苏俄的指导与帮助下，于上海正式成立了中国大地上的第一个共产主义组织。中共上海发起组成立后，开启了马克思主义中国化的进程。他们将《新青年》改为中国上海发起组的中央机关刊物，介绍马克思主义理论和基本知识，并通过写信联系、派人指导或具体组织等方式，推动各地共产党组织的建立。上海发起组已成为名副其实的“临时中央”。上海也成为革命者的中心场所，成为中共建党的思想和文化起源地。

在城市化和国际化的背景下，上海驶入了近代工业发展快车道的同时，也为中国新兴阶级——工人阶级的产生和壮大提供了必要的条件。

伴随着外国资本企业的进入、中国洋务派官僚买办的近代工业以及民族工业的建立和发展，使“耕夫织妇尽弃其业，而趋工场”。五四运动前夕，中国近代产业工人的总数猛增到260多万，而上海的产业工人总数则占全国的1/4以上，达51万多，工厂工人中，约近60%是在500人以上的大型企业里做工，加上从事体力劳动的苦力和服务于商业金融的店职员工，上海工人已是上海最大的市民群体。20年代初，上海总人口约150万，工人则占总人口的30%强，上海工人阶级已成为一支雄厚的社会力量。

据不完全统计，1914年至1919年5月的5年多时间里，全国

五四运动中上海工人大罢工

发生的罢工有100多次，而上海就达80多次。1919年6月5日，力量足以震撼整个城市工业结构的上海工人阶级，勇猛地全面转入行动，第一次以自己独立的姿态登上了中国的政治舞台。它犹如星星之火，迅速燃遍了大江南北，最终一扫辛亥革命后中国政治一度出现的沉闷、阴霾之气，取得了这场彻底的、不妥协的反帝反封建运动的胜利，从而把新文化运动推向了以传播马克思主义为主流的新时期，为中国培育了一代英才，更为中国共产党的成立在干部上做了准备。

在各地共产党早期组织相继成立的基础上，建立全国性政党的构想已在上海发起组中逐渐酝酿。陈独秀与其他同志讨论了建立全国党组织及通知共产国际代表事宜。1921年5月，上海发起组委托包惠僧到广州找陈独秀，请他回沪或将上海发起组迁往广州，但陈独秀认为广州到处是无政府主义，政治环境不利，地理位置也不适合，不便于各地联系，因此仍属意上海。6月初，上海发起组与刚抵沪的共产国际代表尼克尔斯基、马林商谈后，认为建党的条件业已成熟，应及早召开全国代表大会，宣告中国共产党的成立。上海发起组在与陈独秀、李大钊商议以后，发函给各地共产党早期组织，请其派两位代表赴上海开会。1921年7月23日，在法租界望志路106号（今兴业路76号），中国共产党的第一次代表大

中共一大会址

会召开，中国共产党正式成立。

由此可见，中国共产党在上海成立不是偶然的，它是上海城市近代化的结果。中共一大筹办的核心人物都不是土生土长的上海人，然而，上海出版机构多、报纸刊物多、信息渠道多、中外联系广、交通设施便捷、工人密集度高，这诸多种种的便利让很多建党早期那些热衷于社会主义的知识分子都聚集在上海，这里成为他们选择召开中国共产党第一次全国代表大会的最佳城市。

（陈列部副研究馆员　马建萍）

# 中共一大时全国党员数量

中国共产党第一次全国代表大会于1921年7月23日在上海召开。当时共有8个共产党的早期组织,除旅法组织外,其余的7个组织按发起人陈独秀、李大钊与大会的筹办人员李达、李汉俊商议的每个组织派两名代表的要求选派出各自代表出席大会。大会召开时,实际到会的代表分别是上海的李达、李汉俊,北京的张国焘、刘仁静,济南的王尽美、邓恩铭,武汉的董必武、陈潭秋,长沙的毛泽东、何叔衡,广州的陈公博,旅日的周佛海以及由陈独秀指定的代表包惠僧,共13人。另外,共产国际的代表马林和尼克尔斯基也出席了大会。陈独秀、李大钊因各自事务脱不开身而未出席大会。

一大的召开表明中国共产党的正式成立。那么,党成立时全国有多少个党员,至今还没有一个权威、具体的说法,但大约数字还是比较认同的,那就是有五十几个。从现有资料看,最早提及一大召开时党员人数的是1921年11月由董必武、李汉俊起草的给共产国际的一份报告——《中国共产党第一次全国代表大会》,其中写道:“中国的共产主义组织是从去年年中成立的。起初,在上海该组织一共只有5个人。领导人是很受欢迎的《新青年》的主编陈同志。这个组织逐渐扩大了自己的活动范围,现在共有6个小组,有53个成员。”这份报告是相隔中共一大闭幕才4个月,同时又是由两位一大代表共同起草,可见其报告中有关数字的可靠程度。这里说的6个小组是指当时在国内的共产党早期组织的数量，未算上旅日、旅法两个在国外的组织。报告虽给出一个具体的数字，但却留下了这53位党员究竟是哪些人的疑问。这种说法一直延续到改革开放以后，如1991年8月出版的由中共中央党史研究室著胡绳主编的《中国共产党的七十周年》中仍称一大召开时全国有53名党员。

另一说法是57名。其依据是1928年6月，中央在莫斯科召开中共六大时所绘制的一份统计表中，填写了一大会议时的党员人数共有“57人”，“其中工人4名，知识分子及自由职业者53人”的内容。同样是权威机构给出的却是与先前略有不同数字，而这离中共一大召开也仅时隔7年，但遗憾的是也未列出具体名单。

而参加过一大会议的人员对这个问题也有不同的说法。从现有资料看，个人最早涉及这个问题的是陈潭秋。1936年他在莫斯科写的《第一次代表大会的回忆》中写道：“当时正式成立了共产主义小组的除留日学生与留法勤工学生外，只有北京、上海……几个地方，其他如南京……等地仅有个别通信关系的同志。但总计全国可以符合当时条件的党员，不过70余人。”

而张国焘撰写的回忆录中有另一种说法。他在描述一大召开时的情况说道：“上海代表是李汉俊和李达，代表上海9个党员；我和刘仁静代表北京15个党员；董必武、陈潭秋、包惠僧代表武汉的8个党员；毛泽东、何叔衡代表湖南约10个党员；陈公博代表广东约7个党员；王尽美、邓恩铭代表山东8个党员；周佛海代表日本留学生中的两个党员。合计代表13人，党员59人。”

1978年8月，另一位参加过一大的包惠僧在其撰写的回忆文章中说道：“关于一大代表的党员人数，实际上没有57人，更不是70人。当时在一大会议上曾报了一下各地的名单，我记得一共是30人左右，具体名单如下：湖南：毛泽东、何叔衡、夏曦（一大后发展了易礼容、郭亮等）；湖北：董必武、陈潭秋、赵子健、包惠僧、刘伯垂；北京：李大钊、张国焘、罗章龙、邓中夏、张申府、高尚德；济南：王尽美、邓恩铭；广东：谭平山、谭植棠、陈公博、刘尔崧（学生）、李××（师范学校的教师）；上海：陈独秀、俞秀松、李达、陈望道、李汉俊（邵力子、沈雁冰、李启汉是后来参加的）。”

1921年夏去四川讲学的邓中夏（前）、黄日葵在重庆合影。

马林作为共产国际的代表参加了一大，他在1922年7月11日的《给国际执委会的报告》中谈到，中国共产主义者已形成一个团体，“这个团体在七八个城市中有小组，但全国成员不超过50~80人”。给出的是一个大致范围。

据《党史资料》1953年第7期刊载的1926年苏联葛萨廖夫撰写的《中国共产党简史》书中“中国共产党的初期革命活动”一节的中译文，其中说道：“1921年7月在上海举行了中国共产党第一次全国代表大会。当时只有六七十个和组织多少有些联系并且真正积极工作的人。”虽有学者对此文的作者有质疑，但从这本书的正式出版看，苏联也没能掌握确切的人数。

那么，中共一大时全国到底有多少名党员？综合多年的研究，从现在所掌握的史料看，全国的党员人数应有五十几名，而且其中的绝大多数都可以认定。因此，又有了“五十几名”之说。这五十几名党员包括上面包惠僧所提到的（除夏曦、刘尔崧、李××外），还有上海组织的沈玄庐、沈雁冰、邵力子、沈泽民、李中、李启汉、杨明斋、林伯渠等，北京组织的刘仁静、何孟雄、缪伯英、范鸿劼、李梅

羹、张太雷、朱务善等，山东组织的王翔千，武汉组织的郑凯卿、黄负生、张国恩、刘子通等，长沙组织的彭璜，广州组织的袁振英、李季等，旅日组织的周佛海、施存统和旅法组织的周恩来、赵世炎、刘清扬、陈公培（发起人张申府已被包惠僧计入北京组织）。除此之外，还有一部分专家学者认为杨匏安、宋介、陈德荣、江浩、金家凤等也都是一大时的党员。

目前不少专家学者已采用这种说法，如1991年6月出版的邵维正著《中国共产党创建史》、2000年12月出版的黄修荣著《横空出世——中国共产党创建史》等。相关的权威部门也采用了上述说法，如2011年1月出版的中共中央党史研究室著《中共共产党历史》第一卷（上）等。

“五十几名”的说法是科学的，也是客观的，问题在于对个别人员的认定上有分歧。这个问题以后会随着相关研究的深入和史料的发掘，有望得到解决。这五十几名党员，我们应记住他们的名字，因为是他们奠基了中国共产党。

（保管部主任、馆员　陈晓明）

# 中共一大女“警卫”王会悟

1921年的夏天，浙江嘉兴南湖，一艘古色古香的画舫在幽静的湖面上荡漾。船上，十几位西装革履的外地“游客”围坐在一张八仙桌旁，边饮茶，边交谈，显得悠闲自得。船头，一位眉清目秀的青年女子警觉地环视四周。那么这个眉清目秀、警觉放哨的窈窕女子是谁？以及她与中共一大到底有怎样的关系呢？

这位女子叫王会悟，是党的一大代表、中国共产党的重要创始人李达的夫人，中共一大的成功召开以及在会议期间紧急转移嘉兴南湖，她在其中都做出了鲜为人知的特殊贡献。

王会悟出生于浙江省桐乡县，从六七岁起就开始接受父亲的启蒙教育。少年时期的王会悟秉承了父亲的耿直、坚韧、颖慧。这对她以后走上革命道路，无疑打下了良好的基础。王会悟在学校接触了大量的新思想、新文化。她最爱读的杂志，是陈独秀创办的《新青年》。五四运动后不久，王会悟从老家桐乡来到了新思想荟萃、先进人物聚集的上海。她找到上海学联，很快被介绍到上海中华女界联

王会悟

合会（简称“女联”）会长、黄兴夫人徐宗汉那里做文秘工作。王会悟与李达就是在工作中相识的。在接触中，李达的革命信仰和渊博的学识使王会悟敬佩不已，王会悟的眉清目秀、知书达理和作为新女性的革命热情也使李达产生了深深的爱慕之情，两人的恋情在革命实践中悄然成熟了。1920年下半年，李达和王会悟结为夫妇。

在中国共产党的创立过程中，上海的共产党早期组织实际上起到了发起组和联络中心的作用。党的一大具体的筹备工作多由李达和李汉俊二人负责。从1921年6月份开始，上海的共产党早期组织的代理书记李达与李汉俊分头写信给各地的组织或党员，通知各派两名党员来上海参加党的全国代表大会。食宿及确定开会具体地点等后勤事务则交由王会悟操办。代表们来沪后住哪儿合适呢？王会悟打听到法租界白尔路389号（今太仓路127号）有一个博文女校，7月中旬学校已放暑假，教室空着。她认为这个地方不错，不会引人注目，于是联系到校长租借了下来。除上海代表住在自己家中，年龄最大的两位代表何叔衡和董必武分别寄寓湖南会馆和湖北会馆外，毛泽东、邓恩铭、王尽美等七八位代表便安排借宿在博文女校。广东代表陈公博则带着新婚妻子李励庄住进了大东旅社。开会的地点，王会悟找了好几个地方都不理想，后来她想到了李汉俊的家。这所房子的主人是他的胞兄李书城（国民党的一位军事部长，追随孙中山先生革命的左派）。恰好，李书城当时不在家，携家眷到外地避暑去了。

1921年7月23日，中国共产党第一次全国代表大会在上海法租界望志路106号（今兴业路76号）李公馆召开了。大会前后共开了7次会议。7月30日晚，由于会场遭到法租界巡捕的搜查而被迫中止。会议停了两天。在此期间，少数代表秘密相聚，商量另择开会地点之事，王会悟也参加了。代表们经过认真分析后认为，在上海，这么多人聚到一块儿，容易引起警特的注意；到杭州西湖，无异于入虎口，因为那里是达官显宦的游乐场所，护卫军警较多。王会悟冷静地想了想，觉得自己的家乡是个比较理想的地方，于是开口说道："我今天要多嘴了，我来出个主意吧。离我们桐乡不远的嘉兴有个南湖，那个地方景色秀丽，但不像杭州西湖那样引人注目。我们不妨租一只画舫，扮作逛西湖途经嘉兴的游客。"代表们都赞成王会悟的建议，会议地点的转移就这样确定下来了。

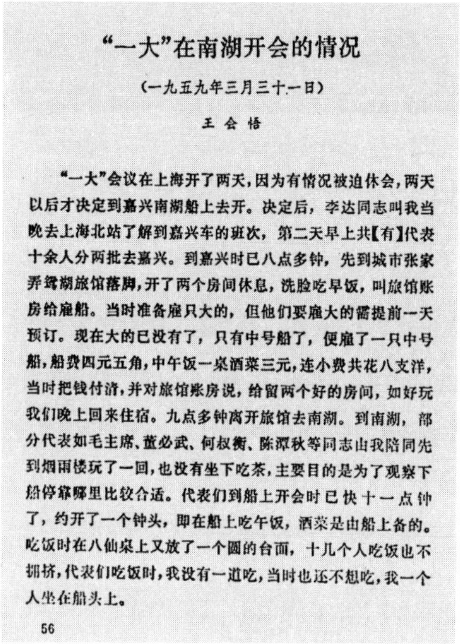

**"一大"在南湖开会的情况**

（一九五九年三月三十一日）

王会悟

"一大"会议在上海开了两天，因为有情况被迫休会，两天以后才决定到嘉兴南湖船上去开。决定后，李达同志叫我当晚去上海北站了解到嘉兴车的班次，第二天早上共【有】代表十余人分两批去嘉兴。到嘉兴时已八点多钟，先到城市张家弄鸳湖旅馆落脚，开了两个房间休息，洗脸吃早饭，叫旅馆账房给雇船。当时准备雇只大的，但他们要雇大的需提前一天预订。现在大的已没有了，只有中号船了，便雇了一只中号船，船费四元五角，中午饭一桌酒菜三元，连小费共花八支洋，当时把钱付清，并对旅馆账房说，给留两个好的房间，如好玩我们晚上回来住宿。九点多钟离开旅馆去南湖。到南湖，部分代表如毛主席、董必武、何叔衡、陈潭秋等同志山我陪同先到烟雨楼玩了一回，也没有坐下吃茶，主要目的是为了观察下船停靠哪里比较合适。代表们到船上开会时已快十一点钟了，约开了一个钟头，即在船上吃午饭，酒菜是由船上备的。吃饭时在八仙桌上又放了一个圆的台面，十几个人吃饭也不拥挤，代表们吃饭时，我没有一道吃，当时也还不想吃，我一个人坐在船头上。

56

王会悟著《"一大"在南湖开会的情况》

到南湖之后，毛泽东等代表们由王会悟陪同先到烟雨楼玩了一会儿，其目的是观察一下船停靠在哪里比较合适。一大代表们上船时，王会悟将特意带来的一副麻将牌交给代表们，和他们约定，她一敲船板，他们就得打麻将。代表们在舱中开会和吃饭时，她始终坐在船头放哨，见有其他游船靠近或出现巡逻艇时，就哼起嘉兴小调，用一把纸扇的柄敲敲船板，代表们接到信号就把麻将搓得噼里啪啦的响，有的还"七索""八万"地喊着。就这样，代表们在南湖游船上举行了最后一次会议。这次会议通过了中国共产党第一个纲领和决议，选举产生了党的中央领导机构，正式宣告中国共产党成立。而王会悟作为具体安排事务的工作人员，同时成了南湖游船上中共一大会议召开时的一位女"警卫"。

（宣教部讲解员、助理馆员　朱蓓靓）

# 中共一大房主李书城

在中共一大会址所在的方圆一公里范围内都有醒目的旅游景点指示牌，人们在指示牌的引导下，很方便地就能找到坐落在兴业路上的中共一大会址——兴业路76号（原望志路106号）。1961年，国务院公布中共一大会址为全国重点文物保护单位，保护范围为兴业路76号、78号。中共一大在76号开会，怎么连78号一起得到全国重点文物保护呢？这就要提到该房屋的主人李书城。

李书城即中共一大代表李汉俊的胞兄，出身于私塾之家，父亲为当地的私塾先生。16岁李书城中秀才。1902年5月，经湖广总督张之洞选派，与黄兴等人赴日本京弘文书院学习。在日本期间，结识了孙中山。1904年与胞弟再次赴日本，李书城进入陆军士官学校第五期。同年11月与孙中山、黄兴再度相会，并于次年7月30日正式组建同盟会，为同盟会发起人之一。1905年8月20日举行同盟会正式成立大会，李书城化名李唐在盟约上签字。1908年毕业后，回广西桂林担任陆军干部学堂及陆军小学堂监督。1911年11月，抵达武汉参加武昌起义，任汉阳总司令

李书城

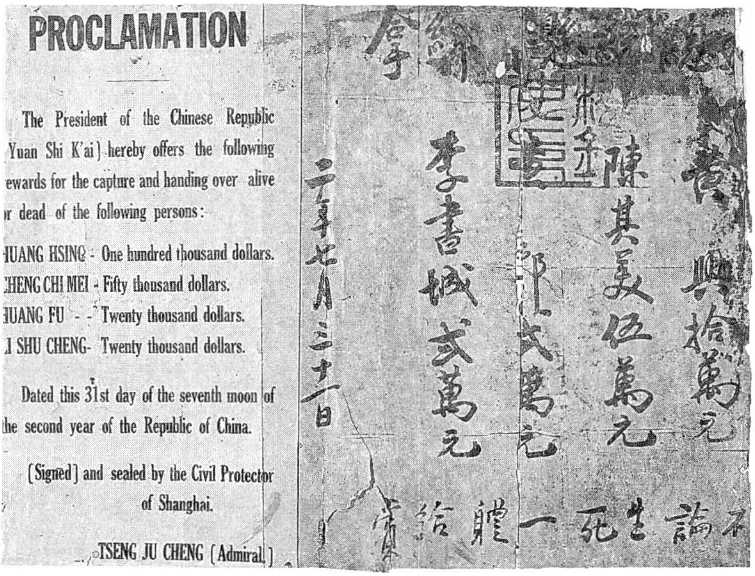
PROCLAMATION

The President of the Chinese Republic (Yuan Shi K'ai) hereby offers the following rewards for the capture and handing over alive or dead of the following persons:

HUANG HSING - One hundred thousand dollars.
CHENG CHI MEI - Fifty thousand dollars.
HUANG FU - - Twenty thousand dollars.
LI SHU CHENG- Twenty thousand dollars.

Dated this 31st day of the seventh moon of the second year of the Republic of China.

(Signed) and sealed by the Civil Protector of Shanghai.

TSENG JU CHENG (Admiral)

黄興拾萬元
陳其美伍萬元
郛貳萬元
李書城貳萬元
二年七月三十一日
不論生死一體給賞

1913年7月，袁世凯通缉李书城等的告示

部参谋长。11月3日，与黄兴率部向汉口清军进攻，这场革命推翻了清朝的统治，结束了两千多年的封建专制政体。

1917年，孙中山在广州成立“护法军政府”，李书城积极支持孙中山护法运动，孙中山任军政府大元帅，李书城被推举为护国军司令并兼任湘西防务督办。1918年组建湖北护国军，任湖北护国军总司令。1918年，李汉俊从日本大学毕业回上海后，居住在李书城家中，从事马克思主义宣传工作，同时参加了筹建中国共产党的工作，这些活动得到了李书城的赞同和支持。1920年李书城一家从三益里17号迁入新建的望志路106号和108号（今兴业路76号和78号）。中共一大召开的时候，李书城正忙于湖北自治运动，李汉俊提出把会址安排在李书城家，得到了李书城的同意。1926年，广东革命政府酝酿北伐，李书城参与指挥北伐，他与北方的冯玉祥建立了联系。在共产国际的帮助下，冯玉祥率军南下，与南方北伐军会师于河南信阳。1937年，在日寇的铁蹄下，华北、河南上千名儿童沦为孤儿，流落到武汉。中共中央派董必武到武汉开展统

战工作，董必武到武汉后会见了李书城、石瑛等人，寻求对难童的安置办法。李书城表示："国难当头，一定竭尽全力。"他利用自己担任省银行董事会监察之便，建议省政府设立了一个"战时儿童保育院"，推荐李伯钊负责收容工作。1949年，李书城在武汉发起组织"湖北省人民和平促进会"，与中共将领陈毅、刘伯承联络，使得中共军队顺利接管武汉。李书城参加过辛亥革命、护法运动、北伐战争，并对中国共产党的建立作了有益的事。1943年7月，董必武曾对《新华日报》社记者陆诒说，李书城是一个"为人耿直，富于正义感"的人。

1949年5月16日武汉解放，李书城受毛泽东主席的邀请，于9月21日以特邀人士的名义出席了中国人民政治协商会议第一届全体会议，并参加了10月1日在天安门举行的开国大典。10月19日，在新中国政务院举行的第三次会议上，经周总理提议，李书城被任命为新中国第一任农业部部长。1954年，李书城当选为第一届全国人大常委会委员。1965年8月23日，李书城因病在北京去世。

兴业路76号与78号内部走道打通，76号楼下是李家的客厅，也就是中共一大开会的地方，楼上为李汉俊书房兼卧室。78号楼上前房是会客室，后面亭子间为李书城夫妇住房，楼下是警卫和厨师的住所。供人们参观、瞻仰的是76号楼下的客厅。李书城的寓所成为中国共产党成立的见证，也就这幢建筑保留了原有风貌，现在每年约有50万中外观众前来参观、瞻仰。

（办公室副主任、馆员　张建伟）

# 闯入一大会场的陌生人

1921年7月30日，天气异常闷热，位于法租界望志路的一栋石库门民居客厅里坐满了人。这里即将举行的是中国共产党第一次全国代表大会第六次会议，原定议题是通过党的纲领和决议，选举中央机构。夜幕降临，晚八时多，代表们刚在那张大餐桌四周坐定，一个陌生面孔，穿灰布长衫的不速之客突然闯入，引发了所有与会者的疑惑和警觉。“他是谁？他来找谁？他又是怎么找到这里的呢？”在这些疑问解开之前我们不妨先梳理一下这个突然闯入一大会场的陌生人所引发的一系列“蝴蝶效应”吧。

首先是屋子的二先生李汉俊与其的一段对话。

“你找谁？”

“我找社联的王主席。”

“这儿哪有社联？哪儿有什么王主席？”

“对不起，找错地方了。”那人一边打着哈哈，一边匆匆离去。

地下斗争经验丰富的共产国际代表马林当机立断。在用英语与李汉俊简单交流后，他提出建议：“一定是包打听！会议立即停止，大家迅速离开！”

随后大家迅速从前门走出了李公馆。15分钟后，法租界巡捕房就来人包围了会场，在与留守人员李汉俊和陈公博两人的一番答辩后，巡捕们空手而归。当晚12时左右，多数代表集中在老渔阳里2号李达的住处，商讨下一步大会该如何进行。商议的结果是大家都认为会议已不能再在上海继续开了。

最终在李达夫人王会悟的提议下会议转移到了浙江嘉兴的一艘游船上继续举行。从此，中国共产党也正式宣告成立，并得到了共产国际的承认，作为一支新生的政治力量开始活跃于中国的政治舞台。

一个突然闯入会场的不速之客竟然改变了中共一大的会议进程，他出现的时机又是如此的敏感，这不由得更加深了此人的神秘之感。新中国成立后，许多专家和学者都对此人的来历和身份进行了详细的考证。得出的结果如下：

程子卿

此人姓程，名子卿，人称“程老三”，又因为他的皮肤黝黑，绰号叫“黑皮子卿”，属青帮的“悟”字辈人物。镇江人，在1900年前后，从镇江到上海谋生，在十六铺码头做搬运工。他在那里结识了上海帮会头子黄金荣，结拜为兄弟。1905年，经黄金荣介绍，程子卿进入法国巡捕房当了巡捕。经过一番摸爬滚打后升为刑事科的政治组探长。随着法租界政治性事件不断增多，这个政治组后来扩大为政治部，程子卿担任政治部主任。

据一位20世纪20~30年代曾在上海法租界工作的老人回忆，他的上司程子卿曾与他讲起过法租界巡捕房在1921年搜查李公馆的情况。他回忆说，那时程子卿跟他聊天时说起，1921年曾前往李公馆搜查——当时只知道一个外国的“赤色分子”在那里召集会议。如此一来便更加肯定了一个事实，原来首先进入李公馆进行侦查的“包打听”便是程子卿啊！

那他又是如何找到这个开会的地方的呢？原来是共产国际代

表马林引起了密探的注意。这个来头不小的“赤色分子”曾在奥地利维也纳被捕过，在获释以后，便成了各国警方密切注视的目标。因此在他动身前往中国时一路上便得到了特殊的“关照”。可以说马林到上海之后，他的所有行踪都被密探们了解得清楚准确，并被记录在案。所以在7月23日晚当马林来到李公馆出席中共一大开幕式时，便使得李公馆引起密探的注意。也正因为这样，当7月30日马林再度来到李公馆，出席中共一大闭幕式时，密探程子卿，这个不请自来的“陌生人”就这样误打误撞地闯入了中共一大的会场。

程子卿（中）、薛耕莘（右）、朱良弼（左）合影。

（宣教部讲解员、助理馆员　马玮佳）

# 发生在中共一大会议上的争论

1921年中共一大的召开宣告了中国共产党正式成立。这样一次具有划时代意义的大会，由于发生在列强当道、军阀横行的年代，不得不在秘密状态下举行。这次大会一共召开了7次，除了第6次会议在召开过程中发生了不速之客突然闯入，会议被迫转移到嘉兴南湖之外，在全国几乎没有引起任何关注。尽管如此，会议在召开的过程中，来自各地的代表们就党的“纲领”和“决议”（草案）进行了热烈的讨论，对有的问题甚至产生了激烈的争论。最后，大会在充分发扬民主的基础上，通过了中国共产党第一个纲领和决议。

中共一大上的探讨和争论主要发生在第三、四、五次会议上。争论的内容主要涉及党的组织原则、现阶段的斗争目标和策略、对南北政府的态度和看法，以及党员能否做官等问题。

关于建立一个什么样的党的问题，在一大会议上有两种不同的观点。一种观点以李汉俊为代表。据陈潭秋回忆说，李汉俊“不赞成组织严密的、战斗的工人政党，而主张团结先进知识分子，公开建立广泛的和平研究马克思主义理论的政党”。不论“学生也好，大学教授也好，只要他信仰马克思主义，了解马克思主义与宣传马克思主义的即可入党，至于是否实际参加党的一定组织，担负党的一定工作，他（指李汉俊）认为是不关重要的”。李达、陈公博支持这一观点。多数代表支持另一种观点，认为应该根据马克思主义的理论和俄国布尔什维克的建党经验，反对无政府主义思潮和极“左”思潮对建党的影响，克服知识分子自由散漫的习气对党内生活的侵袭，主张建立一个高度集中统一的、有严格组织纪律的无产阶级政党。实际上，就在1921年2月，围绕党的组织原则问题，陈独秀和李汉俊就有过争论。李达曾回忆说:“1921年2月，陈独秀起草了一个党章，寄到上海，李汉俊看到草案上主张党的组织采取中央集权制，对陈独秀甚不满意。”李汉俊“也起草了一个党章，主张地方分权，中央只不过是一个有职无权的机关。陈独秀看了李汉俊这个草案，大发雷霆”。但李汉俊“态度坚决，不肯接受调停，并连书记也不做了”。

最终，经过代表们的认真研究和探讨，中共一大采纳了大多数人的意见，在一大《纲领》中对党的组织原则作了这样的规定:“我党采取苏维埃的形式。”强调党必须要有严密的组织和严格的纪律，党员必须联系群众，完成党赋予的任务，党员的政治活动和工作必须得到党组织的领导，并注意保守党的机密。

斗争目标和斗争策略的制定是一个政党所要解决的重要问题。在中共一大会议上，代表们在讨论党的现阶段斗争目标和策略问题时产生分歧，一种意见认为，“现在世界上有俄国的十月革命，还有德国社会党的革命;中国的共产主义究竟采取何种党纲和政纲，应先派人到俄、德国去考察，在国内成立一个研究机构，如马克思主义大学等，从事精深的研究后，才能作最后的决定”。当前党应该致力于马克思学说研究，让革命的知识分子掌握马克思主义，推行阶级教育，提高工人阶级的觉悟，进而推动无产阶级革命。现阶段，共产党可以参加资产阶级民主运动，应该支持孙中山的革命运动，在孙中山革命成功后，共产党人可以参加议会。持此观点的代表人物是李汉俊。另一种意见以刘仁静为代表，他认为“中国共产党应信仰革命的马克思主义，以武装暴动夺取政权，建立无产阶级专政，实现共产主义的最高原则”。当前应该积极从事工人运动，

DELEGATES OF THE FIRST NATIONAL CONGRESS OF THE COMMUNIST PARTY OF CHINA

中共"一大"代表名单

| | | | |
|---|---|---|---|
| 湖南 HU NAN | 毛泽东 | MAO ZE-DONG | (1893—1976) |
| | 何叔衡 | HE SHU-HENG | (1877—1935) |
| 湖北 HU BEI | 董必武 | DONG BI-WU | (1886—1975) |
| | 陈潭秋 | CHEN TAN-GIU | (1895—1943) |
| 山东 SHANDONG | 王尽美 | WANG JIN-MEI | (1898—1925) |
| | 邓恩明 | DENG EN-MING | (1900—1931) |
| 上海 SHANGHAI | 李达 | LI DA | (1890—1966) |
| | 李汉俊 | LI HAN-JUN | (1890—1927) |
| 广东 GUANGDONG | 包惠僧 | BAO HEI-SENG | (1894—1979) |
| | 陈公博 | CHEN GONG-BO | (1890—1946) |
| 北京 BEI JING | 张国焘 | ZHANG GUO-TAO | (1897—1979) |
| | 刘仁静 | LIU REN-JING | (1902— ) |
| 留日学生 CHINESE STUDENT STUDING IN JAPAN | 周佛海 | ZHOU FU-HAI | (1897—1948) |

中共一大代表名单（中英文）

为共产主义革命做准备。李汉俊的意见成为大会讨论的焦点，大多数代表对李汉俊的观点持批评态度，主张中共应确立无产阶级专政的基本原则。李汉俊没有改变自己的观点，但表示可以服从多数人的意见。

关于如何对待南北政府及其他政党的看法和态度问题，代表们在对待北方军阀政府的态度上是一致的，认为军阀混战造成了国家的分裂和人民的困苦，是反动的，必须加以反对。在对待南方的广州政府和孙中山的国民党，代表们出现了分歧。有代表认为，南方政府代表资产阶级的利益，南北政府是一丘之貉。孙中山举着革命的旗帜，迷惑群众，甚至比北洋军阀更危险。共产党不能和南方政府发生联系，更不能和国民党妥协共事。另一种看法是，孙中山自成立同盟会以来，进行的一系列革命活动是应该肯定的，孙文学说也有其进步意义，况且我们党的领袖还在广东政府任职。因此南北政府应区别对待，不能一概而论。最后，对南方政府和国民党的看法，会议未能达成一致。《决议》回避了对南方政府的分歧，而对包括国民党在内的其他政党，则明确主张实行排斥的不合作的态度。

在中共一大会议上还有个问题引起了与会代表长时间的激烈争论，那就是共产党员能否在资产阶级议会中当议员，到现政府做官。部分代表认为，无产阶级不可能短时间内获得政权，公开的政治活动必不可少。为了便于宣传共产主义思想，为了改善工人生活状况，为了为工人争取更多的自由权利，以便为将来的无产阶级革命做准备，挑选合适的党员参加资产阶级议会或到资产阶级政府去做官，把公开的和秘密的工作结合起来是必要的。陈公博、李汉俊等赞同这一观点。张国焘、刘仁静则认为，共产党参加议会，会使工人阶级对资产阶级议会产生幻想，结果会影响共产党的阶级性和纯洁性，涣散无产阶级的斗争意志。议会斗争既不能改变我们的状况，也不能为社会革命事业增添力量，反而有可能使我们党变成黄色党的危险。因此，共产党决不能和资产阶级合作。多数代表赞同这一观点。最后，在修改《党纲》条文时，争论双方都做了一些妥协和让步。《党纲》第14条规定:“除为现行法律所迫或征得党的同意外，不得担任政府官员或国会议员，但士兵、警察、文职雇员不受此限。”（此条款引起激烈争论，最后留至1922年第二次会议再作决定）

中共一大是在反动统治的白色恐怖下秘密召开的一次具有重要历史意义的大会，由于各种条件的限制，这次大会没有举行筹备会议，所有的问题都是在大会上正式提出和讨论，代表们各抒己见，充分表达自己的观点和主张，既有一致的认识，又有激烈的争论，充分体现了民主与集中的统一。

（保管部副主任、馆员　王长流）

# 悬而未决的中共一大闭幕日期

中国共产党的成立具有重大的历史意义，正如毛泽东所言："中国共产党的建立，是中共历史上开天辟地的大事变。""自从有了共产党，中国革命的面貌焕然一新了"。但是由于中国共产党第一次全国代表大会是在秘密情况下召开的，加之我党处于草创阶段，有关的文献资料陆续散失了，因此建国以前国人对于一大的历史并不是很清楚。新中国成立后，国内外相继发现了一批一大的文件和有关资料，因此我们现在对一大的情况有了比较清楚的了解。如上世纪50年代由苏联移交给中央档案馆的《中国共产党第一次全国代表大会》这份原始文件对一大代表人数、召开日期、会议进程及有关议题等都做了比较详细的记载。但是，这份文件没有将一大会议中途遭法租界巡捕房干扰、被迫将最后一次会议转移到嘉兴南湖召开的日期交代清楚，而只是说："在这以后，我们提高了警惕，

嘉兴南湖

为了使代表大会继续开会，只好到附近的一个不大的城市去。”而一大当事人此后的一些回忆也表述不清，甚至前后或彼此互相矛盾。因此一大的闭幕日期就成了一个悬案，史学家一直到现在论证不一。

关于一大的闭幕日期，目前主要有以下四种观点：

一是7月31日闭幕说。过去史学家比较倾向于这一说法，因为有几位代表在回忆录中都说南湖会议是在大会受到干扰后的第二天召开的。如周佛海回忆说：“我们商量决定，鹤鸣（编著注：李达的笔名）夫人明日早车赴嘉兴，先雇一只大船等着，我们第二班车去，乘船游南湖。于是连夜分头通知各人。到了第二天，三三两两地到北站上车，我也抱病前往。”（见1943年《往矣集》）1953年包惠僧回忆说：“当夜我们到李达家里会谈。大家的意见，明天的会，要改地方，即决定以游览的姿态到嘉兴南湖找一只大船，尽一日之辰来结束这个会。次日早车我们都到了嘉兴南湖。”此外，陈潭秋1936年的回忆、董必武1971年的回忆也都说一大会址被搜查后的第二天去的南湖。中共一大在上海的最后一次会议是在7月30日开的，那么第二天就是31日。

二是8月1日闭幕说。这一说法的主要依据是董必武和张国焘的回忆。董必武在1929年给何叔衡的一封信中说：“开到最后一次会的时候，忽被侦探所知，未及成会，李寓即被搜检。隔了一日，我们到嘉兴东湖（笔者注：应为西湖）船上，将会开完。”董必武的这封信是代表中关于这个问题比较早的回忆材料。张国焘回忆说：“这个意外事件发生后，我们为了避开警探视线，决定第二天停会，并通知各代表俟找到妥当开会地点后再行复会”“我们大家便商讨开会的地址问题。王会悟非常热心地表示：如果在上海一时找不到适当的地点，可以到她的家乡去”“我们对于她的提议极表赞成”“她根据这个决定回去布置。我也通知各代表明早搭车前往”。中共一大在上海的最后一次会议是在7月30日开的，那么隔

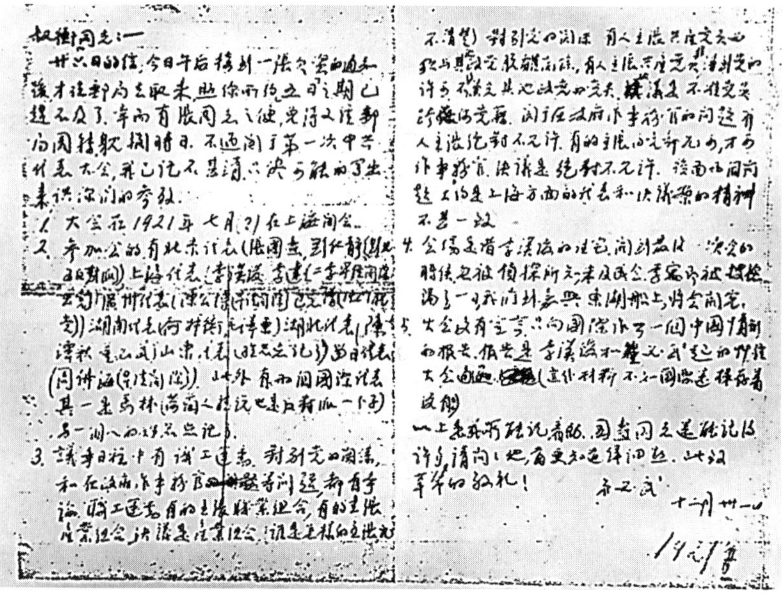

叔衡同志：——

廿六日的信，今日午后接到一张党史的通知[illegible]才往邮局去取来。照你所约五日之期已赶不及了。幸而有张同志之便，先将文件寄向同转致，稍有时日。不过关于第一次中共代表大会，我已记不甚清，只将可能的写出来供你们的参考。

1. 大会在1921年七月(?)在上海开会。
2. 参加会的有北京代表（张国焘、刘仁静（北大学生））、上海代表（李汉俊、李达（二李是住上海的））、广州代表（陈公博（[illegible]）包惠僧（[illegible]））、湖南代表（何叔衡、毛泽东）、湖北代表（陈潭秋、董必武）、山东代表（[illegible]）、日本代表（周佛海（[illegible]））。此外，有第三国际代表，其一是马林（荷兰人，[illegible]），另一个人的姓名忘记了。
3. 议事日程中有职工运动、对别党的关系，和在政府下作事务官[illegible]等问题，都有争论。职工运动有的主张职业组合，有的主张产业组合，决议是产业组合。[illegible]（记不清楚）。对别党的关系，有人主张共产党员也能加入其他政党，有人主张共产党员不能加入其他政党，决议是不准党员[illegible]加入别党。关于在政府下作事务官的问题，有人主张绝对不允许，有的主张[illegible]可以，才可作事务官，决议是绝对不允许。[illegible]问题大约是上海方面的代表和决议案的精神不甚一致。
4. 会场是借李汉俊的住宅，闭到最后一次会的时候，忽被侦探所知，未及开会，李宅即被搜检。隔了一日，我们到嘉兴东湖船上将会开完。
5. 大会没有宣言，只向国际作了一个中国情形的报告，报告是李汉俊和董必武起草的，经大会通过（这件材料不知国际还保存着没有）。

以上是我所能记忆的。国焘同志还能记得许多，请问问他，当更知道详细些。此致

革命的敬礼！

必武

十二月卅一日

董必武关于一大情况给何叔衡的信

一天就是8月1日。支持这一说法的另一重要理由是，很多代表都回忆到开会那天阴有雨，而根据《申报》的记载说明1921年7月至8月初，嘉兴地区一直酷热异常，干旱无雨，只有8月1日这一天因台风侵袭天气阴雨。

三是8月2日闭幕说。这一说法的主要依据是王会悟的回忆。王会悟曾回忆说："因为有情况被迫休会，两天以后才决定到嘉兴南湖游船上开会。"中共一大在上海的最后一次会议是在7月30日开的，那么两天后就是8月2日。学者们认为王会悟虽然不是一大代表，但是大部分一大代表在回忆中都提到南湖会址的具体安排是她一手承办的。因此她关于一大闭幕时间的回忆应该是比较可信的。支持这一说法的还有陈公博在《新青年》1921年第9卷第3号上发表的《十日旅行中的春申浦》一文，陈公博在文章中说，在一大上海会议中断的第二天，他来到环龙路李达住处，李达告诉他"打算停会，另易地方，会期不定"，他遂于7月31日夜乘车赴杭。由此看来陈公博尚未接到何时复会的通知，当然8月1日

晨就不可能赴嘉兴开会了。陈公博还说，他在杭州玩了两三天回到上海后，周佛海告诉他："大会已经在嘉兴南湖的游船上开过，会议算至结束。"陈公博的记述正好和王会悟的回忆互相印证，一大闭幕的日期不可能早于8月1日，也不迟于8月3日，而是8月2日。

四是8月5日闭幕说。这一说法的主要依据是刊登在《亚非人民》1972年第6期公布的苏联档案《驻赤塔赤色职工国际代表斯穆尔基斯的信》，斯穆尔基斯的信中提到"从7月23日到8月5日，在上海举行了中国共产党的代表大会"。众所周知，党的一大的原始文献很少，这是我们目前所见到的材料中绝无仅有的原始文字材料，因此此说具有一定的权威性。

由于以上几种说法各有利弊，在党史学界还暂时无法取得一致意见，因此，以往出版的许多党史书籍大都将中共一大最后一次会议定在8月初，而不说具体是那一天。而2011年重新修订出版的中共中央党史研究室编著的《中国共产党历史》第一卷是如此描述中共一大最后一次会议的："由于代表们的活动已受到监视，会议无法继续在上海举行。于是，代表们转移到浙江嘉兴南湖，在一艘游船上召开了最后一次的会议。"在没有确凿的材料以前，这一说法更为科学一些。

要解决这一问题，还须我们广大的党史工作者继续努力，也寄希望于新史料的进一步发掘。

（副馆长、研究馆员　徐云根）

# "七一"党的诞生纪念日的由来

许多到中共一大会址纪念馆参观的观众会不约而同地提出这样一个问题：1921年7月23日，中国共产党第一次全国代表大会在上海望志路106号（今兴业路76号）召开，宣告了中国共产党的诞生，那么中国共产党为什么要把每年的7月1日作为诞生日来纪念？

这个问题的形成有一个历史的过程。最早由个人提出把7月1日作为党的诞生日来纪念的是毛泽东。1938年5月，毛泽东在延安发表了一篇十分有名的论著——《论持久战》。在这篇文章中，毛泽东说："今年7月1日，是中国共产党建立17周年纪念日。为了使每个共产党员在抗日战争中能够尽其更好更大的努力，也有着重地研究持久战的必要。"而最早以中共中央文件的形式正式把7月1日定为党的诞生日纪念的是在1941年6月30日。当时中共中央在延安，为了隆重纪念中国共产党成立20周年，延安档案部门的同志专门去查阅了我们党的原始

毛泽东著《论持久战》

档案资料。但在查阅过程中发现，因为战争年代，我们党的一大形成的所有原始档案在多次的转移中散失了。于是，档案部门的同志又专门去访问了当时在延安参加过党的一大的代表毛泽东和董必武，请他们帮助回忆党的一大开幕的具体日期。因为时间已经过去了20年，加上个人的记忆有限，他们只记得是1921年7月，天气非常炎热，但具体哪一天记不清楚了。在这样的情况下，中共中央在1941年6月30日专门发布了一个题为《中央关于中国共产党诞生二十周年、抗战四周年纪念指示》。在这个指示中非常明确地指出："今年七一是中国共产党产生的二十周年，七七是抗日战争的四周年，各抗日根据地应分别召集会议，采取各种办法，举行纪念，并在各种刊物出特刊或特辑。"根据中共中央的这一指示，7月1日，延安的中共中央机关报《解放日报》出版了《中国共产党二十周年特辑》，发表了题为《纪念中国共产党二十周年》的社论，还发表了朱德、林伯渠、吴玉章同志的纪念文章。7月2日，发表了徐特立同志的纪念文章，报道了延安党政机关和人民团体举行庆祝活动的情况。从此以后，每年的7月1日，全党都要热烈庆祝党的诞生纪念日。

既然中共一大会议的原始档案都在战争年代散失了，那么我们现在所掌握的并正在宣传的，包括中共一大会议是1921年7月23日召开的，这些详细的史料又是从何而来的呢？

中国共产党是马克思列宁主义同中国工人运动相结合的产物，是在俄国十月革命和我国五四运动的影响下，在列宁领导的共产国际的帮助下诞生的。因此，中共一大会议后形成的这些原始档案，除了中国共产党本党要保存一份以外，还要上报一份给设在苏联的共产国际备案。1917年十月革命后，苏联进入了和平时期，他们档案保管的环境和条件相对比较稳定。因此当年我们党在成立时上报给共产国际的关于中共一大的文件，他们都完整地保存着。1957年1月，苏共中央将当年共产国际保存的我们党的一大的三

份文件，即《中国共产党第一个纲领》《中国共产党第一个决议》和《中国共产党第一次全国代表大会》全部移交给中共中央。这些中共一大的文件详细记载了党的一大召开的具体情况和党的一大通过的纲领和决议。如关于中共一大的开幕日期，在《中国共产党第一次全国代表大会》文件中明确记载:“代表大会定于6月20日召开，可是来自北京、汉口、广州、长沙、济南和日本的代表，直到7月23日才到达上海，于是代表大会开幕了。”1958年中央档案馆把这三份文件由俄文译成中文，分别刊登在中共中央办公厅秘书局编辑的《党史资料汇报》第六号和第十号上，供中央领导审查。1959年8月5日，中央档案馆又将这三份文件的译稿专门送给董必武同志，请他帮助鉴别。董必武同志同年9月5日在给中央档案馆的复信中说:“在未发现中文文字记载以前，我认为是比较可靠的资料。”

另外，1960年美国的哥伦比亚大学图书馆公布了中共一大代表陈公博1924年1月在美国哥伦比亚大学读硕士研究生毕业时提交的一篇毕业论文(全部都是英文的，包括附件)。这篇毕业论文的题目是《共产主义运动在中国》，它不仅详细介绍了中国共产党的创建情况，而且后面还附了6份中国共产党的早期文件，即中共一大通过的《中国共产党第一个纲领》和《中国共产党第一个决议》、中共二大通过的《中国共产党宣言》《中国共产党第二次代表大会决议案》和《中国共产党章程》以及《中国共产党第三次代表大会宣言》。其中陈公博所附的英文本的《中国共产党第一个纲领》与苏共中央移交给我们的俄文本的《中国共产党第一个纲领》相对照，内容完全相同。这充分印证了苏共中央交给我们党的有关中共一大的三份文件是正确的，也说明了董必武同志判定这三份文件“比较可靠”是正确的。

至此，中国共产党第一次全国代表大会于1921年7月23日开幕虽然考证清楚了，但是，几十年来“七一”这个光辉的日子已经深深地铭记在全党和全国各族人民的心中。因此，中共中央认为没有必要再改变党的诞生纪念日，仍维持了每年的7月1日作为中国共产党的诞生纪念日。

（馆长、研究馆员　倪兴祥）

# 寻找中共一大会址的经过

坐落于上海市兴业路76号上的中共一大会址纪念馆这座典型的石库门建筑于92年前见证了中国共产党的诞生。如今，它已是全国重点文物保护单位、全国爱国主义教育示范基地、国家国防教育基地和全国廉政教育基地。这样一个具有重要意义的纪念地在新中国成立后是如何被发现并被保护起来的呢?

新中国成立后，为迎接建党30周年纪念日，中共上海市委非常重视对中共一大会址的调查勘实工作，指示市委宣传部负责进行调查。时任市委宣传部副部长的姚溱具体负责这项工作。1950年秋，姚溱找到上海市文化局社会文化事业管理处处长沈之瑜和宣传部干部杨重光具体落实。这两人长期生活和工作在上海，熟悉上海的环境，由他们负责比较容易找寻相关线索。

沈、杨接受这一任务后，十分重视，立即全身心投入寻访工作。他们以萧三所著《毛泽东同志的青少年时代》一书为线索，认为党的第一次全国代表大会的会议地点，是在上海法租界蒲柏路(当年叫白尔路，现为太仓路)的博爱女子学校。但经过走访，蒲柏路上的居民都没听说过有这个学校。后来有老居民告诉他们，附近有一所博文女校，地址在蒲柏路127号。沈之瑜又从上海市公安局局长杨帆那里了解到，周佛海的儿子周之友(原名周幼海)就在他手下工作。这样，周之友向沈之瑜等提供了寻找中共一大会址的重要线索:第一，他的母亲杨淑慧现在在上海。召开中共一大期间，周佛海曾带她去过开会的那座房子，也曾叫她往那里送过信；第二，周佛海写过一本《往矣集》，文中谈及出席中共一大的情形。

顺着这一线索，沈之瑜、杨重光他们在周佛海自传《往矣集》里找到了一篇文章《扶桑笈影溯当年》，里面记载有：“我和毛泽东等三四人住在贝勒路附近的博文女学楼上。当时学生放了暑假，所以我们租住。”于是可以肯定，博爱女校应是博文女校，杨重光等即向宣传部领导汇报，说已经找到中共一大会址，并根据其他调查资料，认为“党的成立大会即是在该校楼上，于1921年7月1日晚间秘密召开的”“这一点已有百分之九十九的正确性”。其实，周佛海的这段文字，下面还有几句话，其中提到“在贝勒路李汉俊家，每晚开会。马令和吴庭斯基也出席”。可能是寻访者先入为主的缘故，将这一重要信息忽略掉了。

農曆壬辰年閏五月初十日

上海市革命歷史紀念館經一年修建已初步完成

「星星之火，可以燎原」——記上海三個革命歷史紀念館

楊重光

1952年7月1日，杨重光在《解放日报》上撰文《星星之火可以燎原——记上海三个革命历史纪念馆》

市委宣传部在收到杨重光等的汇报后，指示他们将博文女校的照片送到中宣部，呈报给毛泽东、董必武等参加过一大会议的成员查看。到北京后，已经获知最新情况的中宣部领导明确告诉他们，博文女校并非一大会址，而是毛主席等一部分代表寄宿之处。一大会议地址应为原法租界贝勒路（1943年起更名为“黄陂南路”）李汉俊寓所，但具体位置和门牌号不详，希望他们回沪后仔细寻找。

经中宣部介绍，杨重光等人拜访了在农业部任职的李书城和在内务部任职的包惠僧等，他们都提供了当时开会地点的情况，也都证实了一大是在李汉俊寓所举行的事实。李书城还告诉他们，当时他和李汉俊住在一起，地址是在贝勒路树德里弄底的最后两幢房子，最末一间是他自己住，最后第二间是李汉俊住。这样，寻访的目标就很清楚了。

回上海后，沈之瑜和杨重光等根据从北京获悉的线索，再次进行实地查勘，确认贝勒路树德里就是靠近兴业路的黄陂南路树德里。贝勒路树德里弄的两幢房子，正门在兴业路，门牌号是76、78号（原望志路106、108号）。按上海人习惯，一般不从石库门房子的大门进出，而是从后门出入，因为望志路106的后门在贝勒路树德里，所以当事人大都只记得贝勒路树德里。

寻访人员又找到了房东陈老太，了解到这排房子兴建于1920年夏秋之间，沿马路共有五幢，即望志路100、102、104、106、108号（今兴业路70、72、74、76、78号）。望志路106、108号这两幢房子被一位姓李的先生租住后，人称李公馆。为了走动方便，租户把隔墙打通了。这一信息与杨重光等从北京了解到的情况比较吻合。但亲历一大的另一位代表李达认为当时大会是在“贝勒路某里二号的过街楼上”举行的，而这两幢房子都没有过街楼。寻访人员想到了周佛海的妻子杨淑慧还在上海，当年她曾去过李汉俊家，请她

一大会场旧址

去实地察看应该有所帮助。

时过境迁，当年的“李公馆”已面目全非，头一天杨淑慧来到贝勒路一带，竟没有找到当年的记忆。后来，杨淑慧又来到贝勒路，仔细寻访查看，终于发现白墙上刷着个巨大的“酱”字以及砌着“恒昌福面坊”招牌的房子，很像是当年的李公馆……进入房内，她似乎很快记起了当年的情景，能说出哪间是李书城的客堂，哪间是李汉俊的书房，还记得当时房间内的家具陈设。寻访人员来到望志路106号厢房楼上，发现厢房的确很像过街楼，这与李达所回忆的相吻合。

原来，李书城搬走后，房东对这排房子进行了改建，开设万象源酱园店和恒昌福面坊，砌高了外墙墙壁，将清水墙改为混水墙；内部也进行了改建，望志路106、108号变成两上两下有厢房的房子，即将106号天井改成厢房，仅留108号大门。恒昌福面坊即设在106号。东面100号、102号、104号也打通改为三上三下有厢房的结构，这里开设万象源酱园店。

1951年6月，上海方面确认兴业路76号系当时的会址，此处当时是望志路106号，后门由贝勒路（黄陂南路）树德里出入。至此，党第一次全国代表大会召开的地址终于寻获并得以证实。7月，上海市政府遵照中央的指示精神开始搬迁会址内的居民，而后对其进行复原修缮并作加固，铲掉了外墙上的“恒昌福面坊”五个字，旁边的白色粉墙上画着大大的“酱”字也消失了，混水墙变成了清水墙，露出

1952年中共一大会址修缮前的外景

了“李公馆”的本来面目，室内按照亲历者的回忆布置。

1952年9月，经上海市委宣传部审查同意，中共一大会址开始内部开放，接待一些外宾和领导参观，当时被称为上海革命历史纪念馆一馆，1968年改今名中国共产党第一次全国代表大会会址纪念馆。

（保管部副主任、馆员　王长流）